꽃이 피는 소리

한영자 수필집

꽃이 피는 소리

한국산문

작가의 말

　이름 석 자 쓰는 법을 배우던 날이었다. '영' 자를 세종대왕의 '작품'에 없는 '요ㅇ'으로 썼다가 글자는 맘대로 쓰는 것이 아니라는 걸 알게 되었다. 6·25 전쟁으로 한글 터득이 지연되었고 휴전 후 서울 집으로 돌아와 정상 수업이 시작되었다. 5학년 국어 시간에 국군 아저씨에게 위문편지 쓰기, 일기 쓰기 시간에 글짓기 잘했다고 처음으로 칭찬을 받았다.
　칭찬은 작은 새싹에서 자라나 보다. 『새벗』 어린이 잡지를 읽고 좋은 글을 뽑아 내가 만든 조그만 수첩에 옮겨 적은 장난 책(?)으로 친구들과 책 놀이하며 읽었다. 중고생 시기에는 교내 신문과 교지에 글이 실렸다. 조금씩 글쓰기와 책 읽기를 즐겼다.
　책을 읽으며 틈틈이 낯선 표현이 보이면 밑줄을 치고 독서 노트에 기록하면서 작가와 생각을 나눌 때 정신적으로 성장하였고 보람을 느꼈다.
　의대는 이과 수업이 주여서 문, 이과 양측 선호 체질인 나는 남모르는 시련을 겪어야 했다. 졸업 후 빈번한 시험에서 벗어나 내면의 갈등이 잔잔해진 편이나 전문의 과정 4년간은 수련 관계로 최선을 기울여야 했다.
　수년간 종합병원에 근무하는 동안 독서는 틈틈이 유지할 수 있었다. 개업 후 제약회사, 의대 신문사, 의학 동인지 등 모르는 곳에서 원고청탁이 들어오기 시작했다. 시간이 넉넉하지 않은데 마감일에 맞춰 쓰는 건 부담스러웠지만 한두 편씩 쓰다 보니 내 안에 차츰 글이 들어와 앉았다.

찾아오는 환자들과 친교가 늘기 시작했다. 새싹회 이사장인 정두리 시인을 통해 수필가 피천득 교수님을 알게 되어 십여 년간 셋이 함께 점심시간을 통해 친교를 가졌다. 피 교수님은 "책 내세요."라는 말씀을 매번 잊지 않으셨다. 하지만 내 책은 아득히 멀리 있는 것 같았다.

눈 치료 받으러 오셨던 미술사학자 안휘준 교수님은 자신이 쓰신 고미술 서적을 보내 주셔서 안과 잡지에 '조선시대 미술과 르네상스 미술'을 연재하게 도와주셨다. "요새도 글 쓰세요?" 물으시던 교수님께서 노환 치유 중인데 속히 완쾌하시길 기도드린다.

만나는 분들은 내면에 이미 문학, 음악, 미술 옷을 두르고 있었다. 그들을 만나면서 멘토가 되고 겉옷을 한 벌씩 내보이기 시작했다. 하얀 마음을 보이면서….

글, 그림, 노래가 부르는 손짓을 외면하지 않고 내면을 넓혀나갔다. 커진 그릇에 진료의 아픔도 담게 되었다.

늦은 나이에 '한국산문' 문학 교실에서 박상률 교수님의 가르침을 받아, 작은 꽃씨를 예쁘게 키우듯 수필집을 펴내는 꿈을 꾸었다. 한국산문 출판국의 정진희, 박윤정, 진연후 선생님의 따뜻한 손길을 거쳐 글자들이 새 옷을 입게 되었으니, 감사하다.

하늘에 계시는 피천득 교수님은 내 책을 보시고 미소를 지으실까?

2024년 봄
한영자

작가의 말 4

제1부 진료실 안팎에서 · 13

봄날의 진료실 14
눈을 어떻게 뺐다 꼈다 할 수 있어? 18
할머니의 주홍빛 매니큐어 22
내 눈을 뽑아주세요 27
나갔어요? 31
눈이 그려진 하얀 안대 35
기침 38
한 일(一)자 42
회색 눈 46
또 아파! 50
감이 익을 무렵 54
화장품 58
말이 아픈 사람들 62
전숙희 작가 책에 내가 나왔다 67
글은 내게 애물이다 71

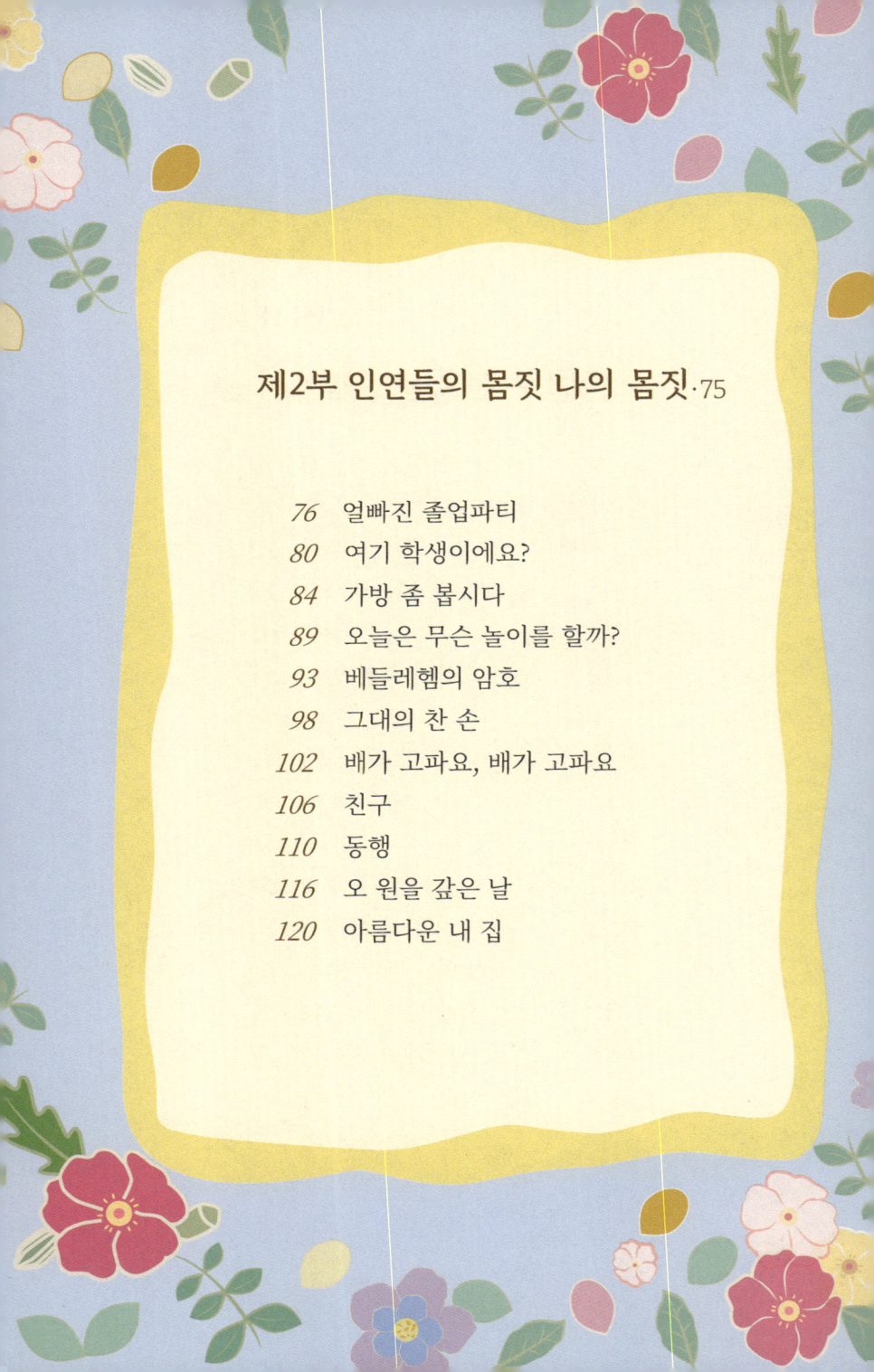

제2부 인연들의 몸짓 나의 몸짓 · 75

76 얼빠진 졸업파티
80 여기 학생이에요?
84 가방 좀 봅시다
89 오늘은 무슨 놀이를 할까?
93 베들레헴의 암호
98 그대의 찬 손
102 배가 고파요, 배가 고파요
106 친구
110 동행
116 오 원을 갚은 날
120 아름다운 내 집

제3부 예술의 향기 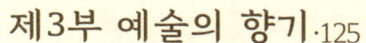·125

넬라 판타지아　*126*
그림이 가고 싶은 곳　*130*
동명이인 아닐까요?　*134*
장미의 숲에서　*138*
꿈이 사는 그림　*143*
정결한 여신　*147*
왜 깨우지 않았어요?　*151*
로댕 박물관　*156*
길 위의 피아노　*161*
날 색과 익은 색　*166*
음악이 있는 말　*170*

제4부 꽃의 숨결 ·175

176 다리야
180 미루나무
184 '사쿠라'
189 봄의 소리
193 꽃밭
198 마른 꽃다발
201 난초 앞에서
204 꽃밭에서
207 봄날
211 꽃이 피는 소리

제5부 살며 익으며 · 217

어머니와 나 *218*
고향길에서 *224*
강변길을 따라서 *230*
잠과 꿈 *234*
귀가한 원고 *239*
고양이로 할까? *242*
여기 이 대문을 보세요 *246*
목화솜 꽃송이 *251*
할머니의 사탕 *256*
엄마의 묵은 노래 *260*
웃음이 무서운가요? *264*
고향 그리기 *269*
'나는 쓰지 않으면 안 되는가?' *274*

해설 *283*

1부

진료실 안팎에서

봄날의 진료실
눈을 어떻게 뺐다 꼈다 할 수 있어?
할머니의 주홍빛 매니큐어
내 눈을 뽑아주세요
나갔어요?
눈이 그려진 하얀 안대
기침
한 일(一)자
회색 눈
또 아파!
감이 익을 무렵
화장품
말이 아픈 사람들
전숙희 작가 책에 내가 나왔다
글은 내게 애물이다

봄날의 진료실

나의 안과 진료실에는 어린 환자들이 꽤 찾아온다. 두려움보다는 편안한 마음을 갖도록 항상 음악이 흐르게 하고 인형이며 그림들로 병원을 꾸미고 대기실 탁자에는 동화책, 어린이 잡지, 만화책 등을 비치해 놓았다. 어린 손들이 가끔은 인형을 어루만지며 피터 팬, 삐삐의 이름을 불러준다. 더 작은 손들은 인형을 달라고 울기도 한다. 간혹 아이들이 모여서 이루는 신비로운 분위기에 낯섦을 느낄 때도 있다. 내가 전혀 들어갈 수 없는 곳이라는 생각이 들 때가 있다. 이미 어른의 세계에 익숙해진 마음으로 살고 있기 때문인가? 깨끗하게 비워진 마음으로 액자 속의 그림처럼 그냥 바라만 본다.

고모의 손을 잡고 웃으며 들어오는 정원이는 예쁜 병원에 가자고 했단다. 이 년 전에 다녀간 정원이는 다섯 살인데 엄마가 먼 세상으로 가서 고모와 함께 산다. 눈물을 보이지도 않고 깜찍하게 눈꺼풀에 생긴 멍울인 산립종 수술을 받아 놀라게 했다. 다음 날 정원이는 나를 보고 "아야 엄마"라고 불렀다. 정원이에게 '약손 엄마'가 되어주고 싶었다. 보고 싶은 정원이가 한참 동안 오지 않는다.

미취학 자매가 전염성 결막염에 걸려 치료를 받으러 다녔다. 차분한 두 아이가 주사 맞을 차례가 되었다.
"웃어, 아프지 않으니까."
언니는 동생에게 다정하게 일러주었다. 동생은 따라서 고운 웃음을 지었다. 돌아가는 두 자매의 슬기로운 뒷모습이 아름답다.

항상 당당하게 치료를 받으러 다니는 세 살짜리 남자아이가 왔다. 이 또래 아이들은 검사도 제대로 할 수 없고 대개 침대에 누워 울면서 치료를 받는다. 그러나 이 아이는 야무지게 치료 의자에 앉아, 약을 넣고 나면 다음 동작을 혼자 알아서 취한다.

병원에 들어오는 아이들에게서 무서움에 질린 눈빛을 보면 흰 가운을 벗고 아이들이 좋아하는 고운 빛깔 가운을 입고 싶어진다.

올라갔다 내려갔다 하는 치료 의자에 앉으면 요술인 듯 재미있다고 하는 아이들은 굳은 얼굴을 펴고 금방 환한 웃음을 짓는다. 기분이 좋을 때 안약을 넣어 주어야 한다. 안약 병 끝에 연결된 스포이트로 안약을 뽑아 손바닥에 한 방울 떨어뜨려 준 다음 "아프니?" 하고 묻는다. 아이는 울지 않는다. 안 아픈 약이라고 예고한 후 눈에 넣어 준다. 얌전하게 참는 아이도 있지만, 대부분 아이는 무조건 울기 마련이다. 찔리는 눈썹을 뽑거나 간단한 수술을 할 때 아이들을 울리게 된다. 울음의 물결이 마음을 파고든다. 울리지 않는 마술사가 될 수 없을까? 지난해에는 울었던 아이가 올해에는 울음을 참을 줄도 아는 성장한 모습을 보면 내 마음도 커진다.

대기실에 옹기종기 앉아 차례를 기다리는 아이들은 대개 책을 보면서 논다. 밝은 햇살이 창으로 쏟아져 들어오고 활자를 스치는 어린 눈빛들의 조용한 놀이가 아름답다. 치료 중에 유아에게 동화책을 읽어주는 엄마의 낭랑한 음성, 아빠의 기름진 바리톤 음성들이 몽롱한 음악처럼, 신비로운 언어처럼 간간이 들린다.

아이들이 보다가 늘어놓고 간 책을 정리하다 보면, 있던 책이 보이지 않거나 며칠 후에 나타나기도 하고, 신간 잡지는 아예 안 나타나기도 한다. 어느 날 치료받으러 오셨던 분들이 집에서 본 책들을 기증하기 시작했다.

지금은 성장한 자녀들의 어린 시절, 마음에 꿈을 심어주었던 배내옷 같은 동화책을 받을 때는 가슴이 뭉클해진다. 십여 년을 간직해 온 책을 파손시키고 싶지 않아 손길이 많이 가는 책 표지 테두리에 테이프를 두르고 기증자의 이름을 써서 붙였다. 기증자 이름에 오르고 싶다는 익살 속에 어린이 잡지를 보내준 친구, 몇 달째 신간 잡지로 손색이 없는 깨끗한 책을 보내주는 정두리 시인의 아름다운 마음에 하루의 피곤이 풀린다.

    창가에서 가까스로 불편한 겨울을 지내는 베고니아 잎이 윤기를 잃지 않도록 물뿌리개로 물을 뿌려준다. 물씬 풍기는 흙냄새가 봄 향기 같다.

눈을 어떻게 뺐다 꼈다 할 수 있어?

　오래전 종합병원에 근무할 때이다. 바쁜 오전 시간, 안과 대기실에서 며칠 전에 다녀간 어린아이의 칭얼대는 소리가 간간이 들려오고 있었다. 다섯 살이 채 못 되는 아이다. 이 아이 눈에 악성 종양인, 망막의 시신경 세포에서 발생하는 '망막모세포종'이 생겼다.
　어머니는 어두운 곳에서 아들의 눈을 보면 암의 특징인 고양이 눈에서 보이는 밝은 빛이 눈동자에 서린다고 했다. 이 빛이 보이면 즉시 안과 진료를 받아야 한다. 이 암은 안구에서 뇌로 전이될 수 있으므로 항암치료를 받거나 조기에 안구 적출술을 실시해야 한다. 대학병원으로 의뢰했다. 그런데 가끔 이 아이의 작은 신음이 옆에서 들려오는 듯했다. 항암치료로 안구를 보전할 수 있기를 마음속으로 빌었다.
　안구가 파열되는 외상을 받으면 발생하는 교감성 안염도, 반대편 눈까지 염증으로 시력을 잃을 수가 있으므로 안구 제거가 빨리 요구되는 질환이다. 이 두 안질환은 안구 적출술을 받는 대표적인 예들이다.

또 안구 적출술을 하는 경우가 있다. 각막 질환으로 시력을 잃어 각막이식수술을 하는 때이다. 인공각막은 아직 없으므로 사람의 각막을 이용하여 이식할 수밖에 없다. 산 사람의 안구가 아닌 전염성 질환이나 안내 종양 등이 없이 사망한 기증자의 안구를 6시간 이내에 적출하여 안은행에 저장해 놓는다.

각막이식이 필요한 환자가 생기면 검사 후 환자의 혼탁한 중심 각막을 제거한 후 남은 주변 각막과 기증자의 투명한 각막으로 각막이식수술을 하게 된다. 해부학 시간에 시신을 놓고 실습을 할 때는 공동작업을 하므로 두려움을 느끼지 않았는데, 수련의 시절 혼자 시체실의 시신에서 안구를 적출 할 때 공포감이 들었다는 동료의 말이 생각난다.

안과 의사는 여러 종류의 눈 수술을 하는데 눈의 기능이 시력이므로 시력 회복 기능을 제공하는 수술을 할 때 가장 보람이 있다. 안구를 제거하는 안구 적출술의 일정이 잡힌 날은 우울하다. 안구를 제거하니 당연히 시력을 잃게 되고 안구의 내용물이 없어지므로 의안을 넣어 움푹한 눈의 외형을 잡아주어야 한다. 의안도 성장하면서 안구가 커지므로 변화에 맞춰 갈아주어야 한다. 안과 의사가 안구 적출술을 평생에 한 번도 시행하지 않으면 행복한 일인가? 안구를 제거하는 수술은 반대쪽 건강한 눈을 보호하기 위한 수단이 되는 수가 대부분이다.

초등학교 5학년 때의 친구 '민충복'이 생각난다. 이 친구는 얌전하고 조용한 성격이었다. 우리 집과 멀지 않았기 때문에 친구네 집에 가서 숙제도 했다. 소곤소곤 친구들 이야기에 시간 가는 줄 모르고 놀기도 했다. 오른쪽 눈이 없는 친구였다. 친해지면서 친구는 처음으로 함께 동네 교회에 가자고 했다. 믿음이 무언지 모르면서 어릴 때 새로운 친구 만나는 재미와 교회 선생님 이야기에 끌려 매주 교회에 함께 갔다. 믿음 생활을 지금까지 유지한 것은 이 친구의 따뜻한 우정 때문이다. 중학교 때인가 이사 가면서 헤어진 후 귀한 친구를 안타깝게 만날 수 없게 되었다. 6학년 교회 졸업사진에 해맑은 친구의 얼굴이 남아 있다. 우리가 지금의 할머니가 될 줄 그때는 꿈이나 꾸었을까?

언젠가 만나게 되면 오른쪽 눈에 예쁜 의안을 맞추어주고 싶다.

어느 날 자연스러운 의안을 착용한 여자 환자분이 내원했다. 어린 시절 눈을 심하게 다쳐 눈을 들어내는 수술을 하고 의안을 끼게 되었다고 했다.

남편 모르게 의안을 착용하는 부인은 새벽 일찍 일어나 빼놓은 의안을 끼면서 티 안 나게 살고 있다고 했다. 의안을 끼고 자면 염증이 생겨 눈이 지저분해지므로 가족 눈에 안 띄게 조심하여 빼고 낀다고 했다.

이날 따라 어린 아들은 배가 아프다고 아침 일찍 일어나 보챘다. 엄마도 엉겁결에 일어나 아이를 달래면서 급하게 하던 대로 의안을 꼈다.

의안을 눈에 넣는 엄마의 모습을 처음 본 아들은 놀라서 물었다.

"엄마, 눈을 어떻게 뺐다 꼈다 할 수 있어?"

할머니의 주홍빛 매니큐어

∽

이목구비가 우리와 닮은 듯하나 어딘가 다르고 몸이 좀 수척했다.
"어느 나라에서 왔어요?"
"베트남에서요."
"남편이 좋으세요?"
"우리 남편은 장애인인데 마음이 참으로 착해요. 생활비는 부모님이 많이 도와주어요."
그녀의 큰 눈빛이 선해 보였다.

매월 두 번씩 의료봉사 팀에 합류해오고 있다. 서울 외곽 지역으로 진료를 나가기에 낯선 곳에서 길을 찾느라 때로는 허둥대기도 한다. 대개 복지센터, 주민센터, 아파트 관리소, 교회 등에서 진료를 한다. 토요일 근무가 끝나면 오후 시간에 모여 지정된 장소에 책상과 의자를 진열해 간이 진료소를 차린다. 진료 과목은 내과, 가정의학과, 정형외과, 산부인과, 정신의학과, 안과, 피부과, 갖가지 기계가 설치된 앰블란스에는 치과, 흉부검사와 골다공증 검사를 하는 영상의학과, 심전도 검사와 혈액검사가 가능한 검사실이 준비되어 있다. 정밀한 검사는 미흡해서 투약 처방 위주로 진료를 많이 하고 있다.

각 분야 봉사대원들의 손에서 웬만큼 진료실 규모가 잡힌다. 지팡이를 짚고 들어오는 환자, 다리를 절룩거리며 들어오는 환자, 휠체어를 타고 들어오는 환자, 아픈 표정의 어두운 얼굴. 그들의 웅성거리는 소리까지 커지면 병원 분위기가 슬그머니 피어오른다.

대상이 저소득층의 독거노인과 장애인인데 할머니들이 더 많다. 혼자 사는데 아프기까지 하면 누가 도와주겠는가?

나이 들면 아프지 않은 사람이 드물 정도로 아픈 곳이 늘게 마련이다. 한 곳에서 진료받은 것으로 끝나지 않고 다른 과의 진료 차례를 기다리고 있다가 약을 타 간다. 환자와 대화하다 보면 육신만 아픈 것이 아닌 사람도 만나게 된다.

혼자 사는 할아버지가 왔다.

"이곳저곳 몸이 아픈데 눈까지 잘 안 보여요. 백내장 수술할 돈만 있으면 좋겠는데…. 아파트 창문을 열고 하루에도 몇 번씩 아래로 뛰어내리고 싶어져요."

힘없이 말을 이어갔다. 부모가 살림이 어렵고 자식이 아예 없으면 의료보호 환자로 무료진료를 받는다. 부모를 부양하지 못하는 자식은, 자식의 존재로 부모에게 무료대상의 길을 막는다. 환자의 사정을 듣고 혜택을 줄 수 있는 의료 기관이 어디 있을까 봉사 팀 최경숙 단장과 의논을 하다가 시간이 지연되었다. 갑자기 뒤에서 기다리던 환자의 소리가 커졌다.
"빨리 보고 다음 환자 보게 하세요! 혼자만 오래 보면 어떻게 해요?"
진료받는 환자는 모두가 다 중하다. 물론 형편이 어려운 사람에게 더 마음이 쓰인다. 환자 중에는 약만 주는 임무로 끝내기가 난처한 사람도 있다. 마음의 병이 크기 때문에 외면하기 짠하다. 취업하러 온 중국교포들의 경우 병을 치료하러 오지만 여러 사정으로 인해 불면증이 있는 사람들도 자주 본다. 동남아 지역에서 이주한 신부들의 마음고생도 가끔 듣는다. 다른 문화에 적응하기 힘든 어려움과 넉넉지 못한 고향에 있는 가족을 생각하는 아픔도 있다. 모든 사람의 뜻을 전부 헤아리기는 곤란하나, 경제 상황이 원만하지 못한 사람들이 타인의 마음을 이해하지 못하는 모습을 볼 때 안타까운 생각이 든다. 어려운 사람들이 어려운 형편을 잘 알아줄 것 같은데 의외로 각박한 언성이 들릴 때는 마음이 더 아프다.
진료 중에 작은 마음이 서로 오가며 도움을 준 흔적이 작은 미소가 된다. 얼굴이 희고 밝은 표정의 할머니가 앞에 앉았다. 할머니의 손이 얼핏 눈에 들어왔다. 손톱마다 주홍빛 물감을 발랐다. 팔십 줄은 넘어 보인다.
"아유, 할머니 손가락에 매니큐어 예쁘게 칠했어요. 눈이 잘 보이세요?"

밝은 마음에서 밝은 꽃이 피었다. 안약을 손에 쥐여 주고 주홍빛 물든 할머니 두 손을 꼭 잡아주었다. 할머니는 손을 내려다보며 해맑게 웃었다.

나도 노인이 되어가며 틈나는 시간에 진료를 다니고 있다. 자신의 노인 되는 순간을 곧잘 잊는다. 시간의 흐름을 인식하지 않고 어제의 어제를 그대로 옮긴 듯 살고 있다.

오늘은 누구나 바라는 새날이다. 가끔 환자들이 말을 한다.
"지금도 일을 하셔서 좋겠어요."

고등학교 행사로 자매결연한 경북 영양군 수비면 신원의 산골을 다녀온 다음 쓴 「자매촌 방문기」가 실린 교내 신문을 며칠 전 찾아 읽어보았다. 1962년, 육십 년이 지난 신문은 깨알보다 작은 활자에 종이는 낙엽처럼 말랐고 색깔까지 누런 낙엽을 닮아 있었다.

내가 발을 딛고 살 곳은 도회지인가 농촌인가? 아늑한 산 밑에 평화로운 초가들, 드넓은 대지에 논과 밭의 아름다운 도안, 하늘에서 제일 가깝다는 이곳 마을에 안기고 싶다. 정력과 땀으로 살아가는 그들에게 문명의 씨를 뿌려 노고를 풀어주고 싶다.

육이오 이후 처음 농촌을 접하는 기회가 되었다. 노력한 만큼 살지 못하는 그들을 위해 이곳에서 살겠다고 다짐했다. 농사일은 한 적도 없고, 다른 무엇도 할 줄 아는 것이 없는 나, 병원은 멀리 떨어져 있는 이곳에서 내가 할 일을 찾았다. 의사가 되어 일하겠다고 이날 바꿀 수 없는 결심을 했다.

의사로서 수련의 과정을 거치면서 서울에 거주했고 개업을 마감할 때까지 서울에서 살았다. 어느 날 서울에서만 산 자신을 발견했다. 내게 오는 모든 환자를 경북 영양군의 사람처럼 생각하기로 했다. 의료봉사는 내 의사 생활의 덤이며 마무리이다.

봉사 팀 단장이 내게 와서 속삭였다.
"백내장 있는 할아버지는 ○○안과 병원에서 무료 수술 해주겠대요."
할머니의 주홍빛 매니큐어가 좋은 예감이 되었다.

내 눈을 뽑아주세요

내 마음에, 아픔으로 물든 슬픔을 심어준 환자가 있다. 젊은 날 종합병원에서 안과 수련의를 할 때이다. 건장한 체격의 남자 대학생이 포도막염 치료를 받으러 왔다. 포도막염은 시력이 저하되는 질환이다. 순하게 시작한 포도막염인데 시간이 지나면서 양안에 빈번하게 찾아왔다. 전신 검사를 통해 베체트병으로 진단되었고 입원 치료를 하게 되었다.

이 병에서 볼 수 있는 입안 점막이나 외음부의 궤양, 피부질환 등은 그다지 심하지 않았으나 포도막염은 악성으로 진행했다. 치료제로 요사이 쓰이는 면역조절제는 아직 충분히 개발되지 못한 시기라, 스테로이드제와 항암제로 치료를 하면서 합병증 예방에도 최선을 기울였다.

여러 대학병원 안과를 순회하며 치료를 받았다. 환자 부친의 주선으로 미팔군 병원 안과의사 뷰렉에게 최신 의료 혜택을 받기 위해 환자와 함께 진료를 받으러 다니기도 했다. 이 시기에 베체트병처럼 고민해본 병이 없다. 학교 수업을 마다하고 치료를 받는

이 환자에게 신의 가호가 있기를 기원했다.
 호전되는가 싶으면 며칠 안 되어 태풍 같은 기세로 재발하는 두 눈의 포도막염을 볼 때 가슴이 탔다. 치료를 마치기 바쁘게 재발이 기다리고 있었다. 치유 기간이 짧아서 재발 중에 더 안정감을 누렸다. 양안이 번갈아 발병하여 두 눈을 가리고 있는 날이 많아 빛을 잃는 연습을 했다.

 베체트병의 대가를 찾아 일본까지 가서 전지 치료를 받고 오기도 했다. 병이 완치되어 귀국했다면 재회할 일이 없었을 텐데…. 환자의 부친은 일본에서 복사해 온 베체트병의 논문 문헌을 한 묶음 갖고 왔다. 이 병의 끝은 어디쯤이나 되는지 보이지 않았다. 녹내장까지 겹치고 두 눈을 앓지 않는 날이 없게 되었다.
 입원실 한 자리를 외롭게 지키며 아픈 눈과 싸웠던 그는 하기 힘든 말을 꺼냈다.
 "내 눈을 뽑아주세요."
 그 무던하던 환자의 입에서 눈을 뽑아달라는 말이 나왔다. 여태껏 환자의 아픔을 함께 나누며 치료하다가 눈을 들어내는 일은 누구도 원하는 수술이 아니다. 시력은 이미 잃었고 눈은 아프기만 하다. 과장님의 집도로 한 눈을 들어낸 다음 날 회진 시간에 고인 피가 말라붙은 안대를 떼었다. 안구가 없어 움푹 꺼진 저 눈에 다시 아픔은 오지 않는다.

그 뒤 마지막 한 눈마저 내게 안구적출 일정이 잡혔을 때 어디로 멀리 피하고 싶었다. 이 수술은 내가 하고 싶지 않았다. 가슴이 미어온다. 수년간 눈을 살리려고 애쓴 온갖 인내와 노력이 안구적출로 막을 내린다. 이십여 년간 주린 줄 모르고 보아오던 빛, 이제 빛의 갈증을 아픈 가슴으로 담담하게 풀어가야 한다.

사회복지 전문가인 부친의 배려로 점자 해독 재활교육을 받으며 현실에 대비할 준비를 시작했다. 퇴원하는 날 이 환자의 수척한 모습을 보면서, 첫날 안과에 찾아왔을 때 젊음이 넘치며 부리부리한 눈빛을 한 매력 있던 청년의 모습이 떠올랐다. 전문의 수련 기간을 걸쳐 최장의 투병 생활을 한 환자로 내게 가르침을 주었고 마음 아파했던 환자이다. 제2의 인생 출발이 되는 이제부터의 생활은 어려움도 많겠지만 그간의 고난을 이긴 의지력이 순풍 되어주리라 생각한다. 매일 아침이면 회진 돌던 입원실 한 모퉁이를 바라보니 빈자리가 아프다.

망각을 빌려 조금씩 잊혀갈 무렵 이 환자가 휠체어를 타고 병원에 왔다. 하반신 마비는 웬 말인가? 잔인한 병이다. 문헌에 있던 신경베체트병이 온 것이다.
"김재덕 씨, 안녕하세요?"
휠체어에 앉아 있는 환자에게 반가워 인사를 했는데 알아듣지 못했다. 환자의 넓은 등에 손가락으로 꼭꼭 눌러 글을 써서 대화를 나누었다. 빛을 잃어 목소리로 안과 의사들을 구분하고 응답하던 청각, 이 소중한 감각도 빼앗아 갔다.

오랜만의 만남으로 반가워하면서도 울고 있었다. 눈물을 볼 수 없는 일이 다행인가? 아, 정말 무서운 병이다. 인간의 몸을 이처럼 갈기갈기 허물어가고 있다. 베체트병에 걸렸다고 다 이렇게 되지는 않는다. 이 병을 너무 철저히 앓고 있다. 빛을 못 본다. 소리를 듣지 못한다. 걷지 못한다. 이 환자의 부모나 본인은 어떻게 이 모든 고난의 순간들을 견디고 있었을까?

세상을 떠났다는 말이 들려왔다. 고통이 힘겨울 때 죽음은 은총(?)이다. 그 숱한 힘겨운 병상일지만을 남기고 괴로운 삶을 마감했다. 젊은 날의 자신을 펼쳐보지도 못하고 꿈을 태워버리고 말았다.

건강한 두 눈과 따뜻한 진혼곡을 하얀 보에 싸서 그곳으로 날려 보낸다.

나갔어요?

오래전 일이다. 이제는 무디어진 이십여 년이 지난 일이다. 그날 오후 5시가 넘어 퇴근을 앞두고 있어 가벼운 마음으로 진료실 문을 나와 화장실로 향했다. 열쇠를 문의 구멍에 넣는 순간 안으로부터 뭔가 인기척이 느껴졌다. 그러나 문을 열었을 때 안에는 아무도 없었다. 변기가 두 개 있는데 자주 사용하는 곳은 문이 열려 있었다. 소문에 어떤 정신병자의 소행으로 변기가 깨졌다는 곳이 있다. 그곳은 항상 문이 닫혀 있어서 다시 열어보지 않았다. 내가 잘못 들었나 생각하며 볼일을 마치고 무심히 나왔다.

갑자기 뒤에서 얇은 촉감의 가죽 장갑을 낀 손이 내 입을 억세게 막았다. 동시에 얼굴에 있던 안경이 바닥으로 튀어 나갔고 '으악' 하며 비명을 질렀다.

"조용히 하세요."

분명히 사람의 짓이라는 현실감이 들었다. 아니, 이 한마디로 내 뒤에 있는 인물에 대한 궁금증이 좀 풀렸다. 공포의 강도에 비해 드세지 않은 젊은 남성의 침착한 목소리였다. 나름 대응책이 재빨리 스쳐 갔다. 테니스로 단련한(?) 내 팔의 힘을 생각했다. 내 두 손에 힘을 최대한 가세하여 상대방의 팔을 꽉 잡아 입을 막은 손을 치웠다. 내 손을 뿌리치지 않았다. 불안하게 서 있는 것보다 앉는 것이 좀 더 안정감 있어 보이는 것 같아 웅크리고 앉았다. 뒤의 남자도 따라 앉았다. 흰 가운을 입은 나이 들어 보이는 여의사임을 저도 알고 있을 것이다. 이 긴장된 분위기를 풀고 차분히 달래보기로 마음을 잡았다. 가해자도 마음이 편하지는 않을 것이다.

"아마, 난 당신 부모 또래일 텐데, 당신이 원하는 것이 무엇이지요?"

잔인한 사람 같은 생각이 들지 않아 애써 따뜻하게 물었다.

"…."

"지금 내게 돈은 없지만 필요하면 내 반지를 줄 테니 갖고 나가요."

"…."

"당신은 나쁜 사람 같지 않은데, 사람 들어오기 전에 빨리 나가요. 어서! 신고하지 않을 테니."

측은한 느낌이 들었다.

"…."

"빨리 나가요."

"…."

"이러다 누가 들어오면 어떻게 하려고 해요?"

"…."

꽤나 오랜 시간이 흐른 것 같았다. 무슨 생각을 하는지 대꾸나 했으면 좋겠다. 무거운 침묵에 질식할 것 같았다. 상대방을 압도하는 침묵을 쓸 줄 아는 젊은 사람이다. 얼마나 더 달래야 하는지 인내로 버텨보는 수밖에 없었다. 내 등 뒤에 있어 얼굴 표정을 볼 수 없는 그의 작전은 전혀 예측할 수 없었다.

내가 잡고 있던 그의 오른팔이 갑자기 위로 올라갔다. 그의 손에 펴있는 날카로운 칼이 보였다. 여기서 죽는다는 절망감이 몰려왔다. 화장실 바닥에 품위 없이 누운 변사체로 신고되어 신문과 TV의 뉴스 기삿거리가 되는 일이 나의 최후일까?

동시에 내 일생의 장면이 파노라마처럼 지나갔다.

"하나님!"

나도 모르게 마음속에서 '하나님!'이라는 말이 튀어나왔다. 다음 말은 나도 몰랐다. 그는 침묵을 깨고 말을 이었다.

"저 안으로 들어가세요."

작전인지 휴전인지 알 수 없는 제안이었다. 내가 안으로 들어가면 따라 들어와 더 좁은 공간에서 무슨 해코지를 할지 모른다. 웅크린 채 꼼짝을 안 했다.

"들어가세요."

다시 내게 재촉을 했다. 재빨리 뛰어 들어가 안에서 잠가버리기로 작정을 했다. 문을 안에서 잠그다 실수를 하여 다시 열었다 잠가야 했다. 문을 열 때 따라 들어오면 어떻게 할까. 또 주저했다. 잠기지 않은 것을 알고 문을 열면 혼자 저항할 수도 없다.

살짝 문을 열었을 때 그는 놀랍게 바로 문 앞에 서 있었다. 그의 얼굴과 맞대면을 한 것이다. 이십 대로 보이는 그는 불량기가 서린 얼굴이 아니었다. 범행을 할 만한 다부진 체격도 못 되었다. 일단 안에서 확실히 문을 잠그니 안도의 한숨이 나왔다.

아직도 버티고 있을까?

"나갔어요?"

"…."

"나갔어요?"

"…."

조심스럽게 문을 열었다.

그는 내가 부른 '하나님!'에 감전된 듯 조용히 나갔다.

내 반지는 화장실 바닥에서 반짝거리고 있었다.

눈이 그려진 하얀 안대

"눈이 아프고 부어서 왔는데 꼭 수술해야 하나요?"
수술하는 것이 겁나서 성급하게 물어보는 질문이다. 한 여대생의 윗눈꺼풀에 콩알처럼 붓는 산립종이 생겼다. 눈을 검사하니 알맞게 곪아 있었다.
"약으로 하면요?"
"수술하는 편이 더 빨리 치료될 것 같아요."

"마취한 후 수술하니까 아프지 않아요. 할 만해요."
"마취는 아프지 않을까요?"
"눈꺼풀을 뒤집어 마취주사 한 번 놓고 쨴 다음, 고름을 긁어내면 끝나요."

겁이 많은 환자에게 수술 과정을 꼼꼼하게 설명해주면 과잉 질문을 거쳐, 스스로 공포 분위기에 말려든다. 자신이 파놓은 웅덩이에 빠져 다음에 수술하겠다고 금세 마음을 바꾼다. 오히려 모르는 채 수술을 빨리 끝내는 편이 낫다.

어린아이들을 수술할 때도 마찬가지다. 수술대에 눕혀 빨리 수술을 마치고 안대를 한 후 부모 품에 안겨주는 것이 깔끔하다. 장난감으로 달래도 한번 울기 시작하면 더 크게 울기 마련이다.

"이리로 와서 다리 쭉 뻗고 수술대에 누우세요."

마음을 가라앉히고 침착하게 누웠다. 조명은 수술할 눈에 맞추어 놓았다. 눈에 마취약을 한 방울 점안하고 눈꺼풀은 약솜으로 소독했다.

"이제 눈꺼풀 안에 마취주사를 놓는데 따끔해요."

윗눈꺼풀을 뒤집어 열고 꺼풀이 접히는 자리에 마취주사를 놓았다. 눈꺼풀을 닫고 마취약이 퍼지도록 눈 위를 잠시 손바닥으로 문질러 주었다.

"마취주사를 놓았으니 수술하는 동안 아프지 않을 거예요."

곪아서 볼록한 자리를 수직으로 째니 노란 고름이 솟아올랐다.

"지금 메스로 쨌는데 아팠어요?"

"아뇨."

"마취가 잘됐으니 마음 편하게 조금만 있으면 금방 끝나요."

고름을 깨끗이 긁어냈다. 주변에 찌꺼기를 제거하고 피를 닦은 후 안약을 넣고 안대로 눌러 지혈을 했다.

"잘 참았어요. 수술 다 끝났어요. 안대는 그대로 하고 얼굴은 물수건으로만 닦고 오세요."

환자들은 수술하기 전에 아프지 않다고 말하면 달래는 말 정도로 알고 묻기를 반복한다.

수술 부위가 아프다고 머리를 움직이면 수술하는 의사도 곤란하기 때문에 아픈 걱정은 안 해도 된다. 통증 시름을 잊도록 몇 마디 이야기를 나누다 보면 수술은 곧 끝난다. 환자들은 수술 후 아프지 않다는 것을 직접 경험해야 비로소 안심한다.

다음 날 치료받기 위해 수술받은 환자가 내원했다. 활짝 웃는 얼굴로 들어왔다. 순간 나도 따라 웃음이 나왔다. 수술한 눈을 가린 하얀 안대가 작은 캔버스가 되었다.

그림이 그려진 캔버스가 미술관 벽이 아닌 얼굴에 전시되었다. 반대편 눈과 닮은 눈이 크게 그려져 있었다. 두 눈이 초롱초롱했다. 눈이 그려진 안대, 미술대학 근처에 안과 병원이 있기 때문일까?

안대를 떼지 말자. 작품을 사진으로 남겼다. 오늘은 안과 환자들에게 눈 그림 한 폭을 선물로 보여주고 싶다.

기침

　여섯 살이나 일곱 살 무렵, 개성에 사시는 외할머니께서 처음으로 서울에 오셨다. 며칠 머물다 가셨는지 어릴 때라 알 수가 없다. 그 후 6.25 전쟁이 일어났고 고령이신 외할머니는 피난길에 오르지 못하셨다. 다시 만난 일이 없어 얼굴의 기억은 어렴풋하다. 오직 유일한 기억은 외할머니와 함께 자면서 자꾸 긁어 달라고 한 일이다. 밤새 외할머니를 얼마나 괴롭혀 드렸는지 모르겠다. 아침에 일어난 나를 부엌으로 데리고 가셨다. 가느다란 종아리에 수수 빗자루질을 하시며 이제 가렵지 않을 거라고 하셨다. 외할머니의 별명이 호랑이 할머니라고 들었다. 일제 강점기에 일본 경찰관에게도 바른말을 잘해 붙여진 별명이라고 한다. 수수 빗자루의 약리작용은 아직도 모르나 몸이 가려우면 외할머니의 수수 빗자루가 떠오른다. 잠을 잘 때마다 잠투정하듯 가렵다고 긁어 달래길 잘한 모양이다. 지금도 가끔 잠결에 가려운 곳을 긁는 버릇이 있다.

　대학입시를 앞두고 일이 터졌다. 선짓국을 저녁에 먹고 잤는데 밤사이 온몸에 커다란 두드러기가 생기고 얼굴까지 온통 부었다. 동네 의원에서 주사를 맞았으나 금세 낫지 않아 수험표에 붙인 사진에 눈이 퉁퉁 부어 있었다.

　대학교 강의 시간이었다. 갑자기 연속적으로 기침이 나와 소음을 감내할 수가 없어 교실 밖으로 뛰어나와 기침이 진정되길 기다린 일이 있었다. 유별나게 기침을 하면 결핵을 의심하던 시절이었다. 조용한 실내집회 시간에 기침이 눈치 없이 나오면 난감하다.

　안과 진료를 할 때 내 앞 환자에게서 자극적인 향이나 찬 공기가 들어오면 목의 점막이 마르며 간질간질, 갑자기 기침이 나올 때가 있다.

　올해 코로나가 유행하자 4월 초부터 초등학생인 손녀가 알레르기로 기침을 해서 소아청소년과에 다니며 10여 일 약물치료를 받았다. 뒤를 이어 남편에게 기침 릴레이가 시작되어 투약 후 호전되더니, 며칠 지나 이번엔 내가 가벼운 기침을 시작했다. 2, 3일 하다 말겠거니 했는데 일주일을 더 끌었다. 기침 횟수는 빈번하지 않지만 한번 기침이 나오면 콜록콜록 길게 끌어 환자 앞에서 잠시 자리를 비켜야 했다. 코로나 증상은 기침과 고열이다. 고열이 없어도 기침 한 번 마음 편히 할 수 있는 때가 아니다.

　의사가 자신의 기침 하나 조절 못 한다고 속으로 얼마나 흉을 볼까? 그보다 코로나는 아닐까 혐오하며 얼굴을 온통 찡그릴 모습이 그려진다. 앞에 앉아 있는 환자에게 말을 해야 하는데 갑자기 목구멍이 마르고 거칠하더니 불안하게 기침이 나왔다. 기침이 나올 때마다 약을 먹을 수는 없다. 만만한 것이 따뜻한 물을 한 모금 마시거나 사탕 하나 입에 무는 것이다.

기침 한 번 할 때마다 중죄를 짓는 것 같다. 겨우 기침이 멈춰 환자와 말을 하는데 또 급작스레 기침이 나올까 은근히 불안하다. 호흡을 조절하며 조심스럽게 말을 한다.

코로나 대유행을 거치며 온갖 관심은 코로나 감염에 집중되었다. 모르는 사람이 옆에 있는 것 자체가 불안하다. 마스크를 착용하고 기침을 하지 않으면 원활하게 대인 관계가 이루어진다. 안과 환자가 내원하여 생활 속 거리 두기가 아닌 30cm 이내 근접한 거리에 있는 눈 검사 기계 앞에 마주 앉으며 가끔 마스크를 내리는 수가 있다. 무증상 코로나 환자도 있기에 무방비 차림의 환자는 위험하다.

"제가 코로나 환자이면 감염될지 모르니 마스크 쓰셔야죠."

마스크 미착용한 상대방으로 인해 내가 감염될까 예민해지는 것보다 상대방을 배려하는 편이 거부감이 적다. 그러면 즉시 마스크를 챙겨 쓴다. 안과 출입문에 '내원하는 환자는 마스크를 착용하시기 바랍니다.' 경고문이 붙어 있다.

마스크 하나 믿고, 내 앞의 환자가 코로나 환자라고 의심이 들어도 불안한 마음 없이 눈꺼풀을 열어가며 진료를 한다. 환자 한 명 보고 손을 씻으면 그만이다. 말을 많이 하다 감염될까 불안하면 자세한 설명도 해줄 수 없다. 마음 놓고 전염병 환자라는 의심 없이 눈을 치료하며 이야기도 자유롭게 나눈다. 마스크의 위력이 정말 강하다고 느끼는 하루다. 나는 정말 코로나19 확진자를 한 명도 접촉하지 않았을까?

갑자기 기침이 나올까 또 두려워진다.

한 일(一)자

　그때 진이는 다섯 살 남자아이였다. 지금은 이 아이가 이십여 세가 넘은 청년이 되었겠다. 대개 아이들은 병원에 오면 겁이 나서 칭얼대며 보호자 뒤로 슬슬 숨는다.
　무섭지 않다고 달래면서 주사기가 없는 맨손을 펴 보인 후 검사를 하려고 기계 앞에 앉혔다.
　"이 기계에는 바늘이 없어. 기계 속을 바라보아, 무엇이 보이나. 네 눈이 보이니? 아니면 엄마가 있을까? 이번엔 뽀로로가 나오나 잘 봐."
　막무가내로 큰소리로 떼를 쓰며 울었다. 빨리 치료대에 눕혔다. 눕는 순간, 질겁하여 더 크게 울었다. 다래끼가 난 눈에 안약을 재빨리 넣고 등을 일으켰다.
　"이제 안 아프지? 잘했어."
등을 두드리며 달래주었다.
　"이 집 안 올 거야. 나쁜 집이야. 나 이담에 크면 여기 부술 거야."

한 번도 아니고 몇 번씩 '부술 거라'고 소리를 지르며 울었다. 부술 거라는 뜻밖의 말에 섬뜩했다. 이런 말은 처음 들었다. 치료 공포감이 이토록 심한 이유가 무얼까?

아이 키우는 나도 마음이 아팠다. 아이들은 흔히 진료를 거부한다. 어디에서 처음 심하게 아팠던 일이나 무서웠던 기억이 있기 때문이다.

심하게 울며 치료받을 때 보호자는 아이 역성을 들면서 하는 말이 있다.

"선생님 미워요. 선생님 맴매할 거예요."
우는 아이 옆에서 부정적인 말을 무심하게 한다.

"우리 예쁜 아기는 울지 않지, 선생님이 치료 잘해주셔서 빨리 낫겠다."라고 말을 바꿔서 달래주면 어떨까?

병원 대기실 벽에는 아이들이 진료를 받으며 지킬 안내문과 정호승 시인의 「수선화」 시, 고흐의 그림이 붙어 있다. 아이들이 의젓하게 자라 시를 읽으며 꿈 많은 어른이 되기를 바라는 마음에 장식해 놓았다. 진이 아빠에게 망설이면서 안내문을 한번 읽어보라고 했다. 진이는 아빠를 때리며 칭얼댔다. 아빠는 읽다 말고 진이에게 시끄럽다고 소리를 지르고 돌아갔다.

다음 날 진이가 아빠와 함께 왔다. 칭얼대며 울던 모습이 사라졌다. 기계 앞에 앉아 단숨에 검사를 받았다. 진이는 눈에 안약도 울지 않고 잘 넣었다. 하루 만에 훌쩍 커진 모습으로 변했다. 감동도 잠시, 순간 눈에 들어간 안약을 씻어달라고 했다. 빨리 씻어달라고 보챘다. 다음 환자 볼 때까지 조금만 기다리자고 달랬다.

진이를 내 옆에 앉혀놓고 병원에 온 아이들이 그림을 그려놓은 방명록인 스케치북을 꺼내어 보여주었다.

"웃고 있는 이 아이는 진이와 같은 나이인 다섯 살짜리 남자아이가 그렸고, 머리에 꽃을 꽂고 예쁜 옷을 입은 여자아이는 여섯 살짜리 누나가 그렸어."

눈을 동그랗게 뜨고 열심히 보고 있었다.

"선을 둥그렇게 이리저리 반복하여 그려놓은 이 그림은 세 살짜리 아기가 그렸어, 잘 그렸지?"

"그건 낙서야."

"아유, 이놈 봐라! 진이가 그림과 낙서를 다 구분할 줄 아네. 진이야, 너도 세 살 때는 이렇게 그렸을걸."

"아냐, 더 잘 그렸어."

멋쩍은 듯 두 눈을 두리번거렸다.

"그래. 그럼, 진이도 여기에 그림 한번 그려볼까?"

대뜸 빨간 색연필을 집었다. 울퉁불퉁하게 둥근 얼굴을 그렸다. 얼굴 상부에 둥그런 눈을 두 개 그리고 두 눈의 6시 방향에 조그만 선을 아래로 그었다.

"지금 그린 게 무엇이니?"

"눈물이야."

눈 아래에 코와 입이라면서 한 일(一)자 두 개를 그렸다. 턱 아래에 얼굴 길이로 한 일(一)자를 그리고, 양 끝에 조그맣게 내려긋고 손이라고 했다. 조금 띄어 또 한 일(一)자를 그리고 아래로 긴 두 다리를 그렸다.
　"누구를 그렸어?"
　"우리 엄마야."
눈에 넣은 안약을 씻어달라고 하지 않았다. 잊었다.

　"이제 병원이 무섭지 않지?"
아빠가 진이에게 물었다.

회색 눈

얼굴 반을 머리카락으로 가린 선이의 모습이 가끔 떠오른다. 웃음을 씻어낸 창백한 얼굴의 소녀였다. 얼굴에 내린 머리카락을 아침 창문에 드리워진 커튼을 열 듯 귀 뒤로 조심스럽게 넘기니 숨은 얼굴이 나왔다. 눈동자가 밖으로 돌아간 외사시와 희뿌연 눈망울이 선이의 얼굴을 그늘지게 했다.

"선이야, 어쩌다 눈을 다쳤니?"

"내가 일곱 살 때 동생이 잘못해서 다쳤대요."

외사시와 각막 혼탁을 가리기 위해 머리카락으로 얼굴을 가리고 다녔다. 선이가 눈 때문에 괴로워하는 모습을 동생이 보면 두 사람 모두 아플 것 같다. 선이가 자신의 고통을 이기고 동생의 자책까지 헤아릴 수 있으면 좋으련만. 부모의 가슴에도 회색 응어리가 가득 쌓였을 것 같다. 한창 예민한 사춘기에 얼마나 견디기 힘들까?

따뜻한 말로 위로해 주고 싶었다. 순간 무수히 들어온 위로의 말들이 반감을 주지 않을까 염려되었다.

"선이야, 왼쪽 눈에 근시와 오른쪽 눈에 혼탁도 있으니 연회색 렌즈의 예쁜 안경을 써보면 어떨까?"
선이의 얼굴이 밝아졌다.

"이제는 얼굴을 가린 머리를 거두고 귀여운 얼굴에 자신을 갖고 환하게 웃고 지내. 외사시는 수술로 교정할 수 있어. 그러나 시력이 나쁘면 다시 사시로 될 가능성이 있거든. 사시는 외형상 혼기 얼마 전까지 수술을 미루고…."

마침 선이처럼 각막이 흐려져 한쪽 시력을 잃은 할머니가 오셨다. 선이에게 눈 때문에 투병한 할머니 말씀을 들어보라고 했다.

"내가 시집와서 얼마 되지 않아 서툰 빨래 일을 하다, 그만 잘못해 비누 대신 사용하던 독한 양잿물이 눈에 튀어 들어가고 말았어. 얼마나 놀랐는지 몰라."

"아유 무서워, 어떻게 했어요? 할머니."

"그때는 안과 병원이 많지 않았어. 유명하다는 병원은 다 찾아다니며 치료를 했으나 결국 오른쪽 눈을 실명하고 말았단다. 눈 때문에 비관하여 한강 가까운 동네에 살던 나는 독한 마음을 먹고 강물에 빠져 죽으려고 해가 질 녘에 집을 나왔지. 그런데 웬걸, 강둑에 서니 어둠에 검은 물결이 출렁거리는데 그만 무서워 뛰어내리지 못했어. 집에 오니 내 눈앞에 어린 아들이 보이는 거야."

"할머니 돌아오길 잘하셨네요."

"우리 큰아들이 엄마 없는 자식 소리 들을 뻔했어. 그 애가 지금은 커서 의사가 되었단다. 아이들 키우며 잊고 사는데 언제부턴가 왼쪽 눈마저 안개 낀 것처럼 뿌옇게 보이기 시작하는 거야. 얼마나 걱정을 했겠니? 다행히 백내장이라 수술하고 안경을 쓰니 세상이 밝게 보여 지금은 항상 눈에 감사하며 살고 있지."
"할머니 이야기 고마웠어요."
선이는 돌아갔다.

한 눈이라도 건강한 눈은 행운이다. 두 눈이 모딜리아니의 그림처럼 회색인 사람은 빛마저 못 본다. 다음에 선이가 오면 모딜리아니가 그린 눈과 관련된 초상화 이야기를 해주고 싶다.

선이야, 혹시 모딜리아니라는 화가를 아니? 우리 병원에 이 화가의 그림이 벽에 걸려 있는데 네가 보았는지 모르겠다. 갸름한 얼굴에 회색 아몬드 모양의 멍한 눈을 그린 화가. 처음 보면 놀라게 되지. 눈동자는 왜 그리지 않았을까? 눈 표면 전체로 볼 수 있을까? 긴 목을 옆으로 기울이고 물에 쓸려나간 듯 깎인 가냘픈 어깨선의 여인을 보면 우수가 감돌고 있어. 회색 눈은 볼 것을 찾아 방황하며 빛을 그리워하는 듯해. 이 화가는 특이하게 '당신의 영혼을 온전히 이해했을 때 당신의 눈동자를 그리겠다.'라고 말했지.

영혼을 이해하기는 어려운 모양이야. 같은 해에 그린 그의 부인 잔느 에뷔테른느의 초상화에서도 눈동자를 다 그린 것은 아니었으니까.

'여기 나의 비밀, 매우 간단한 비밀이 있어.
오직 마음으로만 올바르게 볼 수 있어.
내가 보고 있는 이 모습은 껍데기에 지나지 않아. 가장 소중한 것은 눈에 보이지 않는 법이니까.'

잠이 든 '어린 왕자'를 안고 그 모습을 바라보며 하는 말이다.
오늘도 회색 눈을 유심히 바라본다.

또 아파!

첫아이의 출산 예정일을 앞두고 겨울이 오고 있었다. 추우면 어쩌나 걱정했는데, 그해 겨울은 다행히 매서운 날보다 푹한 날이 더 많았다. 마지막 달에 입은 임신복이 두꺼운 모직이 아닌 가을 옷감이었다. 첫눈도 아직 내리지 않았다. 그때는 지금처럼 수도꼭지를 틀면 더운물이 펑펑 나올 때가 아니었다. 연탄 아궁이에 큰 물통을 올려놓고 물을 끓여 사용하였다. 일회용 기저귀가 나오기 전이라 기저귀 감은 천으로 준비하여 물에 빨아 재사용했다. 지금 생각하면 구차하던 시절이다. 날씨가 고마웠다.

종합병원의 전공의로 당직을 하는 남편은 주말에만 집에 들어왔다. 혼자 있는 것이 불안해 분만 휴가를 냈다. 입원용 짐 가방도 일찌감치 챙겨놓았다. 며칠 전부터 어머니가 와 계셨는데 그날은 바쁜 일이 생겨 집에 가셨다. 진통 간격이 잦아지기에 겨울방학을 맞은 동생을 오라고 했다. 동생은 학교 전시회에 출품하였던 '思考學究'라고 쓴 서예 액자를 태어날 조카의 귀한 선물로 갖고 왔다.

잦은 진통이 걱정되어 입원했다. 미약하게 오는 진통이 하루를 넘겼다. 주치의 처방에 따라 자궁 수축제를 맞자 진통이 강렬해지기 시작했다. 진통 간격이 짧아지면서 하늘이 노래진다는 통증을 실감했다. 배보다 허리가 끊어지게 아팠다. 내 직장이라 웬만하면 참으려고 했다. 의사도 아픈 것은 아프다. 허둥지둥 "엄마, 엄마" 소리만 반복하고 있는 나를 의식했다. 엄마 소리가 절로 나왔다. '엄마'는 위급할 때 나오는 신음인가 보다. 이런 진통에도 태아는 나오려고 하지 않았다. 초음파 검사가 없을 때라 골반 엑스레이 촬영 지시가 내려졌다. 태아의 머리 위치가 아래에 있지 않아 분만에 지장이 있어 자궁 수축제로 안 되면 제왕절개를 한다고 주치의는 말했다. 진통을 참는 것도 어렵지만 자연분만을 할 수 있다는 보장도 없다. 첫아이의 분만부터 제왕절개를 하면 계속 수술을 해야 한다. 수술한다고 전부 생사에 위험이 도사리는 것은 아니지만 수술을 받으면 두 생명의 안전에 더 신경을 쓰게 된다. 어느 선택에도 마음이 끌리지 않았다. 분만은 해야 한다. 자신이 근무하는 병원에서 수술을 마치고 퇴근한 남편이 여태까지 과정을 듣고 수술 승낙서에 사인했다.

수술대 위에 환자를 눕히고 수술만 하던 내가 수술대에 누운 환자가 되었다. 나는 신체 상부에 있는 눈 수술만을 해왔기 때문에 분만을 위해 복부와 아래 부위를 내놓고 수술받는 일이 어색했다. 미리 수술실에 내려와 수술 부위를 소독하고 수술대에 누워 준비하고 있었다. 수술 전인데 가리고 싶은 부위에 미리 수술 조명까지 환하게 비치고 있는 시간이 길게 느껴지고 편하지 않았다.

환자의 마음이 안정되게 수술 부위는 소독포로 덮어주면 좋겠다는 생각이 내가 환자가 되니 더욱 절실했다. 녹색 수술복을 입고 모자와 마스크를 쓴 집도 의사들이 들어왔다. 간절한 기도를 했다. 이제부터 낯선 수술을 받아야 한다. 나는 내가 아니고 그가 되기로 했다. 내 몸은 나의 것이 아니다. 나는 타인이 되어 나의 몸을 곁에서 바라보기로 했다. 제왕절개의 수술 마취는 태아를 생각하여 약하게 했다. 안정제가 주사로 투여되고 전신마취가 시작되었다. 순간 두 눈이 감기고 팔은 힘없이 늘어졌다. 온몸을 움직일 수 없었다. 아직 의식만은 마취되지 않아 마취되는 부분을 일일이 인식하고 있었다. 집도 의사가 복부에 핀셋으로 자극을 주며 마취 여부를 확인하는데 아팠다. 놀랍게도 감각이 잠들지 않았다. 순간, 수술칼로 배를 쨀 때 어떻게 참을까? 공포감이 엄습해왔다. 칼이 피부, 근육, 자궁을 절개하고 태아가 분만될 때까지 과정이 머리에 다급하게 떠올랐다. 아찔했다. 아프다는 감각은 느껴지나 입술을 움직여 아픈 표현을 할 수 없었다. 입은 산소마스크로 덮었다. 말문은 닫혔고 손짓으로 수술하지 말라고 휘저을 수도 없다. 벌떡 일어나는 일은 더욱 못 한다. 야무지게 참는 연습만 다짐할 차례다. 과연 가능할까?

공포 속에 시작된 수술이 끝났다. 의식이 서서히 돌아오면서 회복실 천장의 전등불이 부옇게 보이기 시작했다. "아들 낳았어요." 하는 소리가 어렴풋이 들려왔다. 수술 전의 공포감은 잊고 있었다. 현실은 지난 일을 추월했다. 초생아실의 아기를 보고 싶었다. 수술 후 아픈 몸이지만 아기를 만나러 이동 침대에 실려서 찾아갔다. 하얗고 조그만 얼굴에 꼭 감은 눈, 눈썹, 코, 입술. 작아도 아빠를 닮았다. 처음 보는 아기, 어디에서도 볼 수 없는 아기의 모습이 신기했다.

"건강한가요?" 급히 묻고 싶은 말이었다. 가장 사랑할 가족, 아기가 생겼다.

분만 휴가가 끝나고 병원에서 우연히 주치의를 만났다. 한참 첫아기에 빠져, 수술할 때의 공포 순간은 까맣게 잊고 있었다. 다시 궁금했다.

수술 전 잠시 수술칼이 복부를 절개하는 장면을 상상하며 통증을 걱정하다가 어느 순간 기억이 실종되었다. 그날 아프지 않고 수술이 끝났다. 기적이었다.

"제왕절개수술을 시작할 때 마취가 미흡하여 아파서 떨고 있었는데 어떻게 수술이 끝났는지 모르겠어요."

"배가 꿈틀거리는 것을 보고 마취가 덜 된 걸 알았어요."

내 몸에서는 잠들지 않은 감각을 위해 신속하게 반사 신호를 보냈구나.

감이 익을 무렵

 진료를 하다가 진료기록부에서 신지식이라는 환자의 이름을 보고 깜짝 놀랐다. 순간 동명이인은 아닐까 하는 생각이 들었다. 아니 내가 아는 분은 이미 오래전에 어쩜 돌아가셨을지도 모른다. 진료기록부의 생년월일 난에 눈을 모았다. 이름은 기억하고 있지만 한 번도 얼굴을 본 일이 없고 연세를 알고 있었던 것도 아니다.
 중학교 2학년 때 국어 선생님은 교과과정에 없는 신지식 작가의 「감이 익을 무렵」을 낭독해 주었다. 이 책의 글자들은 가슴속에 들어와 아련한 형상을 만들어 놓았다.
 사춘기 소녀들은 알지 못할 나른한 감정에 빠져들었다. 감수성이 민감한 우리는 '감 상사병'에 걸려 있었나 보다. 모여 앉으면 「감이 익을 무렵」 이야기를 꺼냈다. 한때 학교 주변 동네에 감나무 묘목 심기 운동을 벌였던 일이 생각난다. 그 후 오래 잊었던 세 글자의 이름이다. 오늘 기적 같은 순간이 왔다.
 드디어 신지식 환자 차례가 되었다. 회색 긴 코트와 동색의 모자를 쓰고 자주색 스카프로 포인트를 잡은 단정한 차림새, 얼굴에는 연륜의 물이 곱게 스며들어 있었다. 지적이고 섬세한 모습, 나의 육감은 내가 아는 분이라는 확신이 들었다. 그러나 한편 아닐 수도 있어 긴장하고 있었다. 환자에게 눈 질환을 먼저 치료하면서 호기심 풀기는 잠시 참기로 했다. 눈 검사를 끝내고 안약을 넣어 주었다.

"혹시 「감이 익을 무렵」 쓰시지 않으셨나요?"
"어떻게 나를 아세요? 이화 나오셨어요?"
"아뇨."
"중학교 때 국어 선생님께서 「감이 익을 무렵」을 읽어주셨는데 지금 생각이 나서요."

그 시절 교복을 입고 교실에 앉아 있는 느낌이 들었다. 오래전 일이지만 그날의 분위기는 또렷했다. 그러나 책의 내용은 하나도 생각나지 않고 망각 속에 아득하게 묻혀 있었다. 책 주변에 번지던 서정 어린 추억만이 마음에서 안개처럼 피어오르고 있었다. 글 제목의 진한 기억을 흔적으로 추억은 순간 되살아났다. 그 추억은 아무도 모르는 사이에 나를 키워놓았다. 나만의 추억이지만, 공유하고 싶은 긴 이야기가 그리워졌다. 이미 친밀했던 은사님을 만난 듯 마음이 열리기 시작했다. 선생님과 함께 「감이 익을 무렵」을 읽고 싶었다. 아니 지금 선생님은 읽어주시고 나는 듣고 싶었다. 이렇게 오랜 세월이 지난 뒤에 이루어진 우연한 만남에 감사했다. 지나간 시간이 재생되고 있었다. 환자를 보다가 뜻밖에 일어난 추억의 재현이 작은 흥분을 안겨주었다. 망각된 「감이 익을 무렵」의 내용을 선명하게 그리고 싶은 의욕이 일어났다. 또 한편에서는 망각되어 실체가 없는 희미함만을 간직하고 싶기도 했다.

얼마 동안 잊은 채로 시간이 흘렀다. 다시 「감이 익을 무렵」을 읽고 싶은 충동이 생겼다. 중고서점에도 이 책은 이미 품절 되었다. 어렵게 선생님과 전화 연결이 되었다.

"선생님 안녕하세요? 선생님 한 번 뵈었던 안과의사예요. 이야기 나누고 「감이 익을 무렵」 책도 읽고 싶어서요."

"옛날 글인데 지금 읽으시면 그때의 감정이 나실까요? 지금까지 잊지 않고 찾아주시니 고맙습니다."
주소를 물으셨다.

한동안 시간이 지난 뒤 반가운 소포를 받았다.

문학에 대한 사랑을 일생 지니고 살아가시는 모습이 아름답습니다. 그리고 그런 축복을 받아 품고 행복하게 살아가고 계심에 큰 박수를 드립니다.

아름다운 꽃 종이에 격려의 마음이 담긴 편지가, 보고 싶던 책 속에 담겨 있었다. 보낸 책은 한 권밖에 안 남았다고 한다. 빌린 책이다.

감격스러워 책 표지를 쓰다듬었다. 철저하게 잊어버렸던 책을 보니 생소하나 반가웠다.

지금 「감이 익을 무렵」 얼굴을 보면서 한 글자도 생각나지 않았다. 내 마음에서 각색된 기억조차도 전혀 나타나지 않았다. 오직 책의 제목과 저자 이름만 명확하게 기억되었다.
 「감이 익을 무렵」의 풍성했던 기억은 내 안의 감을 익히기 위해 모두 연소해 버렸나 보다.

화장품

아침 출근 시간이었다. 지하철 맞은편 좌석에 앉은 젊은 여인이 태연하게 화장을 하고 있었다. 기초화장을 끝낸 그녀는 분첩으로 얼굴 피부 곳곳을 빈틈없이 두들겼다. 한 차례의 두들김으로 끝나지 않았다. 몇 번씩 빠른 박자로 타다닥 소리를 내더니 마감했다. 마침내 얼굴이 뽀얗게 환해졌다. 드디어 색조 화장까지 마쳤다. 이어서 곧장 속눈썹 올리는 기구를 눈썹에 대고 거울을 보고 있었다. 화장하는 손놀림이 거리낌이 없어 지하철 객실이 그녀의 안방 같았다. 무아경에 빠져 화장하는 솜씨를 보며 나도 한동안 심취했다.

젊은 날 직장에서 수시로 화장을 고치는 화장 애호가 동료와 같이 근무하던 일이 생각난다. 그녀는 타고난 미모로 자주 화장을 반복하지 않아도 괜찮았다. 그런데도 자신의 주변 정리보다는 화장에 주력했다. 그녀의 관심은 오직 화장뿐인 듯했다. 그녀가 화장하는 것을 보면 나도 화장하고 싶은 충동이 생겼다.

백화점에서 우연히 화장법 시연하는 장면을 볼 때가 있다. 모델을 중앙에 앉혀놓고 여성스러운 남자 직원이 나긋나긋한 목소리로 설명을 한다. 사실 그 앞에서 전 과정을 한갓지게 유심히 본 적은 없다. 그 젊은 무리 속에 끼고 싶은 생각까진 없어도 무심히 지나다가 무엇을 잊은 듯 힐끗 뒤돌아보는 일은 있다.

눈썹 화장이 뜻대로 되지 않을 때는 요령을 배워 쉽게 해결하고 싶어진다. 평생 출근을 했으니 화장하지 않은 날이 며칠이나 될까? 이래서 민얼굴 그대로 외출하지 못하는 습관도 생겼다. 안 보일 것을 보이는 것 같아서다. 식사 후 립스틱을 새로 바를 때도 남 보이지 않게 재빨리 그리고 만다. 요사이 화장하고 외출했는데 우연히 거울을 보니 아차, 립스틱을 바르지 않았거나 눈썹만 그리지 않은 것을 발견한 적이 있다. 립스틱은 양치질 후 바른다고 미루었다 잊을 수 있지만, 눈썹 화장을 잊는 일은 이해가 잘 안 되는 일이다.

밖에서는 화장하고 잘 다니다가 집에만 들어오면 별안간 화장한 얼굴이 갑갑해지기 시작한다. 외출할 때 입었던 옷을 집에서는 편안한 간편복으로 갈아입듯이 화장도 말끔히 지우고 세수하고 싶어진다. 화장한 후의 만족감과 세수 후의 청량감은 서로 극과 극의 행동이 아닐까?

이 세상 마지막 날 내 얼굴은 화장을 한 채로일까? 아닐까?

미국에서 장례식 날 창백한 얼굴 대신 화장한 시신의 얼굴에서 숨이 있는 것 같은 착각을 한 적이 있다.

우리의 마지막 얼굴을 보는 하늘나라 신은 어느 얼굴을 좋아하실까? 내 얼굴의 진실한 화장은 무엇일까?

언젠가 해외여행에서 돌아오는 길에 나는 화장품을 한두 개 싸 들고 뵈려고 갔었다. 박화성 선생님은 선물을 뜯으시며 정녕 기쁜 표정을 지으셨다.

"전에는 여행 다녀왔다면서 인사하러 올 때는 대개 분 한 갑이라도 화장품을 사다 주곤 하더니 요즘에는 오는 이마다 비타민만 사다 줘서 진력이 났는데, 이건 내 맘에 꼭 드는군!"

전숙희 수필가의 「선배님들」에 나오는 글이다.

나의 오늘이 있게 한 대학교 때 은사이신 나복영 교수님 댁에 첫 방문을 하던 젊은 날, 마음은 한껏 부풀었다. 그러나 감사의 표시인 선물 항목이 문제였다. 고민하는데 떠오른 고마운 수필이다. 박화성 소설가의 흡족해하시던 미소가 그려졌다. 화장품은 세련된 미인인 스승님의 기분을 언짢게 하지 않을 것 같았다.

며칠 전 여고 시절 송복주 스승님을 모시고 백화점에서 점심을 함께했다. 백화점 안에서 이곳으로 잠깐 오라고 하셔서 따라갔다.

"이분인데 괜찮겠지요?"

"네" 하면서 점원은 웃었다.

화장품 판매대 점원에게 내 피부색을 확인시킨 것이다. 스승님은 손에 있던 쇼핑백을 내 손에 쥐여 주셨다. 예쁜 상자에 분과 함께 따뜻한 마음이 가득 들어 있었다.

말이 아픈 사람들

나는 이따금 눈병 환자를 치료한다기보다 말이 아픈 사람을 치료한다는 착각에 빠질 때가 있다. 진찰받으러 온 사람에게 말을 하면서 당황할 때가 생기기 때문이다.
"눈이 어때서 오셨어요?"
"그게 아니라, 눈이 가려워서 왔어요."
'그게 아니라'라면 나는 무어라고 물어야 할까? 한두 사람에게서 이런 말이 나오는 것은 아니다. 어디가 틀린 물음인지 생각을 해보며 묘안이라도 배우려고 다시 묻는다.
"그게 아니라면 무어라고 물어야 하나요?"
반문에 놀란 표정만 짓고 말이 없다. 별 의미 없는 부정이 아닌가 생각되어 그대로 묻고 있다. 물음의 답변에도 사연이 많다. 많은 환자가 눈이 아파서 왔다고 대답을 한다. 이 말은 잘못되었다고 할 수 없으나, 눈만 진찰하는 안과 의사가 눈치 없기로 눈이 아파서 온 것을 모르고 묻는 것은 아니다.
눈이 따끔거리는지, 시큼시큼한지, 눈이 빠지게 아픈지, 눈물이 나는지, 눈곱이 끼는지, 충혈이 있는지, 가려운지, 부었는지 등 형용사와 동사의 어휘가 풍부하건만 눈이 아파서 왔다고 짧게 답변한다. 정답을 유도하기 위해 위의 여러 가지 증상을 배합하여 묻는다.

말로 아픔을 적절히 그려주면 병을 찾아가는 진로를 속히 가늠할 수 있어 병의 진단은 신속 정확해지고 그 환자의 병을 짧은 순간이나마 공감까지 할 수 있다.

"눈이 이상해서 왔으니 보아주세요."

"눈이 이래서 왔어요."

"눈을 보면 알 것인데 왜 귀찮게 물어요?"

말하지 않아도 어디 병이 있나 한번 찾아보라는 식의 태도 등은 오진의 확률을 높인다. 눈의 증상을 물을 때 결막염이나 난시가 있나 검사하러 왔다는, 진단명과 증상의 뜻을 착각하는 수도 흔하게 만난다. 환자 기록부에는 환자의 증상을 쓰는 난이 의무사항으로 있다.

대체로 대답의 반응이 학생들은 객관식 단답형에 강하고 노인들은 주관식 설명형에 우세하다. 가끔 보호자를 동반한 중고생, 대학생 환자의 경우에 증상을 물으면 보호자가 대신 대답하는데 두 가지 이유로 거부감이 느껴진다.

첫째는 자녀에게 말할 수 있는 표현의 기회를 차단함이고, 둘째는 본인이 느끼고 있는 증상은 부모라도 정확한 표현을 할 수 없다는 것이다. 남편의 답변을 부인이 대변해 주는 서비스도 가끔 본다. 의사는 본인의 부족한 설명을 나중에 추가해 주는 것을 원한다.

눈의 증상이 생긴 지 며칠이 된 것을 묻는 경우 대답도 여러 가지이다. 며칠이 되었는지 모르겠다는 대답, 좀 되었다는 대답, 약국에 가서 치료하다 안 나아서 왔다는 동문서답형의 대답, 질문의 요점과 관계없이 경과보고만을 늘어놓는 대답, 일 년·삼 년 되었다는 인내 형의 대답. 보호자에게 답변을 묻는 학생도 있다. 산뜻하게 날짜를 말해주는 환자가 그나마 많아서 다행이다.

안과에 오면 시력을 재게 된다. 시력 재는 일이 익숙지 않은 사람은 시력 재러 온 것이 아니라고 한다. 그래도 한번 재보라고 하면 눈이 아파서 왔다고 딴 이야기를 길게 전개한다. 안과에 오는 사람은 다 시력을 재야 한다고 하면 포기하고 잘 듣는 사람이 있고, 끈질긴 사람은 시력 같은 것 필요 없으니 눈이나 청소해달라고 한다. 시력은 눈의 척도이다.

고령의 할머니 중에는 시력을 재면 숫자는 읽지 않고 다 보인다고 말한다. 문맹자가 쉽게 취하는 태도이다. 안경 처방을 위해 시력 교정을 할 때도 문제가 있다. 초등 남녀학생들의 경우 왜 그리 말소리가 작은지 소리는 안 내고 입술만 움직이는 것 같다. 그러면 3m 거리의 시력 표시판을 짚는 사람에게 목소리가 채 전달되지 못한다.

렌즈를 가감하며 시력을 확인하기 위해 어느 것이 더 잘 보이냐고 물으면 잘 모르겠다는 대답이 나오는 수도 있다. 이걸 누가 가르쳐 줄 수는 없다. 음치가 있듯이 시치(?)도 있는 모양이다. 옆에서 보기가 답답한 보호자는 슬그머니 거들며 진료에 침투하기 시작한다. 그것도 모르냐고 차차 언성이 높아지는데 그 행위는 집에서 아이들을 다그치던 모습의 재현으로 돌입한다. 집이 아닌 병원에서의 이런 모습은 사공이 둘이면 배가 산으로 올라가므로 위험 수위가 높아지게 된다.

소아들의 치료에는 부모의 역할이 크다. 병원에 오기 전에 아이들의 마음을 안정시키고 차분히 달래주면 잘 순응한다. 병원에 가면 주사 안 맞고 수술 안 한다고 공약을 한 부모는 병원에서 아이로부터 엄마는 거짓말쟁이라고 핀잔을 받는데, 심지어 엄마를 때리는 아이까지 있다. 어린 아기들은 치료받으면서 대부분 울게 된다.
"누가 그랬어, 누가…."
어떤 부모는 아기를 울린 의사를 원망하는 투로 아이를 달래준다.
"예쁜 우리 아기, 잘 참았어, 이제 눈이 빨리 낫겠다."
긍정적인 태도로 달래주는 모습을 제시하고 싶다.

눈 검사를 마치고 안약을 눈에 점안하고 있었다.
"항생제 안약 주세요."

안약 점안하는 사이에 의사의 처방이 나오기 전에 자가 처방하는 사람의 모습이다.
"오늘은 주사가 없나요?"
주사 처방이 없을 때 은근히 주사를 맞고 싶은 환자는 자진하여 간청한다.
"수술해야 할 것 같아요."
"수술하지 않고 약으로는 안 되나요?"
병원 문을 나설 때까지 반복하여 서너 번씩 묻는 환자도 있다.
 철없는 아이들이 병원에 와서 의사 선생님 호칭 대신 아줌마라고 부를 때도 엄마는 교정해 줄 생각을 안 한다. 엄마나 아빠를 아줌마나 아저씨라고 부르면 부모는 가만히 있을까?

 말이 중증으로 아프지 않으려면 마음이 따뜻해야 할 것 같다. 나의 말도 중증에 시달리고 있나 자문한다.
 치료를 받고 돌아가는 환자와 부드러운 인사의 말을 나눌 때 뿌듯하다.

전숙희 작가 책에 내가 나왔다

오랫동안 종합병원에서 진료하다 방배동에 개업 준비를 하면서 내 직장이라는 실감이 들었다. 개인병원의 분위기에 익숙하기까지 시간이 걸렸다. 서로 얼굴을 대하며 환자와의 관계가 친구나 가족과 같이 가까워지는 친밀감이 생겼다. 진료가 끝나면 마음속 이야기가 새어 나오는데 취미 나누기, 소소한 일상사 등이 소재가 되었다.

진료실에는 어린아이들이 읽을 동화책이나 어른용 잡지를 비치하고, 은은하게 클래식 음악이 들리도록 했으며, 흰 벽에는 그림을 걸어놓고 아름다운 시를 베껴 장식했다. 바쁘지 않은 시간엔 줌렌즈가 가능한 카메라를 들고 환자들의 갖은 모습을 찍었다. 카메라를 가장 민감하게 인식하는 층은 젊은 여자들이고, 아이들이나 노년층은 있는 모습대로 즐거운 찍기 시간이 되었다. 사진은 끈에 연결해 진료실에 걸어놓았다.

어느 할머니는 병원에 걸려 있는 얼마 전에 돌아가신, 웃고 있는 할아버지의 사진을 보고 싶어 일부러 오신다고 했다. 같이 나란히 서서 바라보았다.

"할아버지 보고 싶어요."

찍은 사진을 나누어 주기도 하고 앨범에 한 장씩 붙여놓아 아이들이 오면 같이 웃으며 열어보기도 했다. 진료라는 용건으로 방문하지만 기다리는 동안 스케치북으로 만든 방문록에 사인이나 그림 등 자유로운 기록을 남기라고 4B 연필 한 자루도 준비해 놓았다. 어린이용은 따로 마련했더니 동화의 세계가 만들어졌다. 병원을 오가며 남긴 환자들의 방문록은 보람 있는 흔적이 되었다. 진료하며 이것만큼 내게 기쁨을 준 일이 있을까? 기록을 보면 다녀간 사람마다 그들의 혼이 살아 있어 얼굴을 마주 대하는 듯하다.

일곱 살 창은이가 부산으로 이사 가며 쓰고 간 동시가 있다.

빨강 풍선 하늘로 간다.
파랑 풍선 하늘로 간다.
풍선의 고향은 하늘인가 보다.

화가 환자는 그림 좋아하는 줄 알고 간결한 스케치를 남기거나 전시회 팸플릿을 선물하고, 일하는 내 모습을 스케치하여 주기도 했다. 음악가가 오면 음악회 표나 CD를 선물했다. 환자가 악기를 들고 오면 병원 문을 잠그고 오붓이 앉아서 '작은 음악회'를 열었다.

강은엽 조각가가 환자로 왔다. 알고 보니 전숙희(1919-2010) 수필가의 따님이었다. 본인의 조각 전시회를 알려주어 전시장에 가서 청동으로 된 개성 있는 조각을 감상했다.

어느 날 사진에서 익힌 전숙희 작가님이 혼자 오셨다. 반가웠다. 진료실 책꽂이에는 수필집 『또다시 사랑의 말을 한다면』이 꽂혀 있었다. 시간이 꽤 지나 종이 색이 누렇게 바랜 책을 보여드렸다. 내가 읽은 책에는 항상 빨간 줄이 쳐져 있다.

"나도 모르게 쓴 글을 빨간 줄을 쳐가면서 읽은 것에 충격받았고 두려워요. 이런 애독자가 있으니 내가 힘을 얻어 글을 써야겠어요."

사인북을 드렸다.

"잘 보이게 해주셔서 감사합니다."

꽤 시간이 흐른 다음이었다. 소설가이며 평론가인 친구 이덕화 교수에게서 전화가 왔다. 전숙희 수필가의 책 『가족과 문우들 속에서 나의 삶은 따뜻했네』에 내 이야기가 실렸다는 정보였다. 진료받으러 오신 적이 있는데 무슨 내용이 실렸을까 궁금했다. 서점에 전화를 거니 마침 책 한 권이 남아 있다고 하여 점심시간에 서둘러 사러 갔다. 내 이야기가 어느 작가의 책에 실려보기는 처음이다. 나도 충격이었다. 궁금하여 빨리 읽고 싶어 사 들고 있을 수가 없었다.

눈이 몹시 아파 동리의 한안과 가다. 간단한 치료 해주고 곧 나을 거라며 한영자라는 젊은 안과의사는 노트를 내놓더니 사인을 해달라고 한다. 글을 너무나 좋아하는 여의사. 사인북에는 피천득 선생, 박인수 교수, 이범준 교수 등이 정성스레 써준 글들이 있다. 그는 나의 10년 전 책 『사랑의 말을 다시 한다면』 나도 다 잊어버린 책을 소중하게 빨간 줄까지 그어가며 읽고 있었다. 그의 문학 사랑에 감동해 참으로 한 줄의 글이라도 함부로 써서는 안 되겠다는 마음이 들었다.
(1997년 7월 1일)

1968년부터 2004년까지 36년간의 일기를 모은 일기자서전 책, 『가족과 문우들 속에서 나의 삶은 따뜻했네』에 내가 나왔다.

글은 내게 애물이다

글과의 인연은 가늘고 길게, 끊길 듯 말 듯 지금까지 이어지고 있다. 어설픈 글을 쓰게 되는 것은 아닌가 하여 아예 외면하고 마음이 편해지고 싶을 때도 있다. 자유로워지고 싶다.

글을 쓰는 사람이 아닌데도 가끔 글 청탁이 온다. 글을 다듬는 일은 고통의 시간이면서 한편 보람이 될 것 같다는 생각에 행복한 마음도 든다. 나도 모르는 이중성이다.

이는 현장에 뛰어들기 전에 갖는 여유 있는 생각이다. 시작이 조금만 수월하다면, 쓰기가 좀 더 순조롭게 이어진다면 원고지를 눈앞에 놓고 몸부림하며 피해 다니지 않을 것 같다.

처음 배우는 글을 쓰듯 한 줄 쓰고 몇 자 지우고 다시 쓰다가는, 눈앞에 보이는 늘어놓은 책을 바로 놓아보고, 입이 심심해 먹던 과자 몇 조각 물고서 옆방의 아이들 공부 참견하다가 다시 몇 자 쓰고, 여태껏 쓴 것 읽어보고 지운 것 많아 다시 옮겨 고쳐 쓰고, 그래도 허전해 클래식 음악을 틀어놓고, 못내 쓰는 자리가 잡히지 않아 글과 내가 낯설어 마음을 풀지 못한다. 이렇게 쓰다가 정말 무엇이 써질 것인가? 머릿속에서 신통한 계시가 내려올 기미는 보이지 않는다. 일요일 오후 집 안에서 이루어지는 습작 풍경이지만 평일 병원에서도 별반 다르지 않다. 요사이같이 한낮에 환자가 뜸해 몇 자 쓰고 있는데 환자가 문을 여는 소리가 나면 쓸려는 의욕과 준비된 감정은 바람에 먼지 날리듯 떠나가게 된다.

환자를 보고 다시 책상 앞에 앉아 흩어진 감정을 걸러내고 아무도 없는 곳에서 쓰기 시작, 쓴 것을 다시 읽어보며 고친다. 글을 쓸 때 계속 열 줄이고 한 장이고 시원하게 물 흐르듯 써 내리지 못해 답답하다. 몇 번씩 일어났다 앉았다 하는 순간마다 바뀌는 정서의 표정이 글 속에서 얼마나 어지러울까?

다음 글을 이어갈 문구가 떠오르고 「전원 교향악」 2악장, 아름다운 시냇가의 풍경을 묘사한 목관악기의 연주가 울려 나오며 분위기까지 아늑하여 펜을 잡으려고 하는데 문 여는 소리가 들리면 이 모두를 다시 단절시켜 놓는다.

만사를 외면하고 쓰지 못하고 일 속에서 순간적인 여백을 찾아 얻었다 잃었다 반복 속에 곡예를 하듯 글을 쓴다. 나는 쓰는 기간을 길게 잡아야 한다. 마음속에서 찌꺼기가 용해되어 흐를 때까지 아무 일도 없는 듯 시간을 보내다가 뜨문뜨문 예리한 긴장을 느끼기 시작하면 쓸 의무감이 어렴풋하게 일어난다.

줄지어 며칠씩을 끌어야 하는 게으름이 다시 밀려온다. 일상의 습관대로 사는 것이 나의 사는 방식이며 그것에 편해져 있기 때문이다.

나 혼자만의 시간에 오래 빠져 있다 보면 일상의 일이 너무 밀려 있다. 한 시간 사색하면 한 시간 이상의 일상이 나를 기다리고 있다. 작은 소산을 위해 나를 집중시키는 훈련도 약하다. 반사적으로 일하고 생각할 틈 없이 일이 일을 시키고, 일이 끝나야 하루가 끝난다. 머리로 사는 시간보다 손으로 사는 시간이 많다.

책상 위에 쌓인 글 부스러기가 흩어진 종이를 바라보는 것도 싫지 않다. 집중할 수 있는 한밤중에 혼자 깨어 단숨에 쓸 수 있는 경우도 생각할 수 있으나, 잠을 못 이기는 내겐 부럽기만 한 일이다. 하얀 빈칸 위에 생각의 깃털만이 살포시 앉았다가 일어나고 그대로 살아 있는 빈칸들이 두려워진다. 끝까지 더듬거리며 예상치 못한 실마리가 한 올씩 풀려나가 글자로 짜놓은 빈칸들이 종지부를 찍을 때 신비롭다. 글은 내게 애물이다.

2부

인연들의 몸짓, 나의 몸짓

얼빠진 졸업파티
여기 학생이에요?
가방 좀 봅시다
오늘은 무슨 놀이를 할까?
베들레헴의 암호
그대의 찬 손
배가 고파요, 배가 고파요
친구
동행
오 원을 갚은 날
아름다운 내 집

얼빠진 졸업파티

아침에 눈을 뜨니 천장이 뱅글뱅글 돌았다. 심한 어지럼증으로 잠자리에서 일어나 움직일 수 없었다. 이석증이다. 그간 10년 동안, 세 번 정도로 잊을 만하면 방문을 했다.

지난해 12월 6일에 3차 코로나 예방 접종을 한 후, 접종한 자리가 붓고 통증이 있는 외에 합병증은 없었다. 뜻밖에 2주 후 이석증이 생기더니 하필 1월 1일 명절에 재발, 그 후 어제까지 나흘간 연속해 이석증을 앓아 지쳐 있었다.

오늘은 교회학교의 고3 제자들과 선약한 졸업파티 날이다. 다행히 아침에는 이석증이 재발하지 않았다. 힘을 다해 외출 준비를 했다. 제자 중 용이는 지병인 간질이 있어 언제 의식을 잃을지 모르니 미룰 수 없는 약속이었다. 용이의 지병을 우려하여 남편이 차를 운전하여 동행했다. 약속 장소에 도착하니 다른 친구들 속에 건강한 용이의 모습이 보였다. 코로나 감염 때문에 온라인 예배로 얼굴을 보기 힘들던 제자들과 만나니 반가웠다.

"그간 재미있게 잘 보냈니? 대학 갈 곳은 정해졌고?"
"네."
"우리 음식은 무엇으로 할까?"
"저는 간짜장요."
경민이가 대답했다.
"용이는 무얼 먹을래?"
용이의 눈 초점이 몽롱해 있다. 처음 보는 용이의 모습이다.
"용이야, 밖으로 나가 바람 쐬자."
친구인 경민이가 먼저 알고 용이의 손을 잡았다. 나도 급하게 따라 나갔다. 친구들과 모인 어느 날 용이가 갑자기 몽롱해지는 것을 보았다고 한다. 용이는 밖으로 나오자 잠시 맑은 공기 마시며 심호흡을 하는 자세가 아니었다. 어딘가를 향해 걸어가고 있었다. 집에 갈 것이면 차를 타고 가자며 주차장에 있는 차가 올 동안 잠시 기다리자고 했다. 용이는 막무가내로 앞을 향해 걸어갔다. 경민이에게는 음식점에 있는 동료와 함께 음식을 시키게 하고, 용이를 따라갔다. 용이는 제정신이 아닌 듯 사정없이 걸어갔다. 얼마큼 걸어가자 차가 와서, 타고 가자고 했다. 차가 왔는데도 타지 아니하고 거절했다. 차를 타자고 달래보았다. 거세게 거절을 했다.

"경찰한테 신고할래요!"

두 눈을 부릅뜨고 소리를 질러 놀랐다. 처음 보는 용이의 모습이다. 차를 주차장으로 보내고, 나는 용이가 가는 대로 따라갔다.

이석중 때문에 지친 나는 한창때인 남학생의 걸음을 따라가기가 쉽지 않았다. 불안한 제자를 혼자 가게 할 수는 없다. 집에 계시는 어머니께 전화로 연락하자고 해도 듣지 않는다. 거침없이 앞만 보고 걸어간다. 얼마만큼 왔을 때이다.

"식당에 안 있고 왜 여기 있지요?"

걸어가던 용이가 갑자기 물었다. 이제 정신이 돌아오는 모양인가? 여기까지 무의식중에 온 것인데 제집은 잘 찾아갈 수 있는 것인지…. 용이의 집은 모른다. 버스 정류장에 오더니 갑자기 섰다. 버스를 타려는 모양이다. 식당 문 앞에 바람 쐬러고 나왔다가 몇십 분은 걸은 것 같다. 맨손으로 가방을 들고 오지 않았다. 용이는 버스 승차요금을 냈다. 뒤따르는 난 돈 한 푼 없는 빈손이다. 안 따라가도 집까지 혼자 바로 들어갈 수 있을지 불안하다. 약속을 잡은 내가 책임져야 한다.

"이 학생이 아파서 급하게 나오느라 가방을 못 갖고 왔어요. 죄송해요."

버스 기사는 아무 말이 없다. 버스 무임승차를 했다. 버스 기사의 뒷모습을 계속 바라보았다. 새벽부터 저녁 어둠까지 길을 달리는 버스의 바퀴 소리에 사랑이 묻어 있다. 용이가 내린다. 미안한 마음을 가득 품고 고맙다는 말만 남기며 따라 내렸다.

용이를 따라 집까지 문 열고 들어가는 모습을 확실히 보고 싶었다. 가능하면 부모님과 만나 자초지종을 얘기하고 싶었다.

한편 식당에 남은 제자들은 어떻게 하고 있을까? 걱정이 떠올랐다. 핸드폰이라도 갖고 나왔으면 이렇게 답답하지 않으련만….

아파트 입구에 섰다.

"용이야, 아파트 주소는?"

"개인 정보예요."

교회에서 선생님이 학생에게 주소를 물으면 이렇게 대답하지는 않는다. 내가 아파트에 함께 들어가겠다고 하면 승낙할까? 마침 엘리베이터 문 옆에 아파트로 들어가는 모습이 CCTV 영상에 나오고 있었다. 확실히 실내로 들어가는 모습을 확인했다. 만약 딴 곳으로 들어갔으면 조금 있다 나올 것 같아 얼마 동안 기다렸다. 악몽 같은 시간이었다. 마음은 어머니를 만나고 싶었다. 점심을 하지 못하고 되돌려 보낸 마음이 언짢다.

시간을 많이 썼다. 걸어갈 수는 없다. 빈손으로 무임승차하는 체험을 또 시도해야 한다. 마침 빈 택시를 타고 사정을 알린 후, 목적지에서 잠시 기다려 달라고 양해를 청했다. 문득 승객이 돈을 가지고 온다고 내린 후 딴 길로 도망한 이야기를 어떤 택시 기사에게 들은 일이 있다. 이 택시 기사는 의심하지 않았다. 지금 나도 반은 얼빠진 졸업파티를 시작하고 있었다.

여기 학생이에요?

대학 다닐 때 이대 부근에 살았다. 수업이 일찍 끝나거나 휴일이 되면 연대를 비롯하여 근처 대학의 도서관에 자주 드나들었다. 당시 연대 도서관은 면적도 넓고 출입 시 학생증 검문이 없어 내 학교처럼 자유롭게 출입을 할 수 있었다. 교문을 들어서면 말끔한 백양로 푸른 나무 옆의 스피커에서 흐르는 클래식 음악이 잔잔한 마음에 곱다란 무늬를 그려주었다. 자주 듣던 베토벤의 바이올린 협주곡의 빛나는 선율이 가끔 그때처럼 들려온다. 백양로 양편에 서 있는 나무들은 계절 따라 다채로운 색깔로 방문을 환영했다.

지금은 오래되어 어디인지 잊었지만 연대 동산 안에 있는 소나무 숲인 청송대에서 더운 여름을 식히며 공부에 지친 머리를 푸른 자연의 언어로 달랬던 모습이 생각난다. 언제 다시 한번 찾아가 보고 싶다.

청송대는 이양하(1904-1963) 교수의 수필 「신록예찬」에서 빛나고 있다.

소나무 그루터기에 앉아 솔잎 사이로 흐느끼는 하늘을 우러러볼 때 하루 동안에도 가장 기쁜 시간을 가질 수 있으므로 시간의 여유 있는 때마다 나는 한 큰 특권이나 차지하는 듯이 이 자리를 찾아 올라와 하염없이 앉아있기를 좋아한다.

모교가 아닌데도 편안한 타교의 도서관, 운치 있는 숲 자리, 클래식 음악이 흐르는 백양로 음악당. 졸업장은 수여 받지 못했지만 은밀한 내면의 모교로 자리 잡고 있다.
초등학교 때는 연대 동산에 식물채집 하러 다니고 대학생이 되어서는 그 도서관에 공부하러 다녔다. 교실과 복도로 연결된, 고대와 합병되기 전 수도 의대만의 단과 대학인 모교에 다니면서 널찍한 학교 분위기는 누리지 못했다. 의대 건물에 연결된 종합병원의 출입구 벽면에 제작된 한용진 조각가의 색채 띤 모자이크 작품만이 대학 건물의 아름다운 기억으로 남아 있다. 내 학교 도서관에 들르지 않고 학교 수업이 끝나면 교문을 서둘러 나왔다.
의대 본과 과정에 들어서면 학과목 수효도 많이 늘어나고 정기 시험 기간 외에 실시하는 시험과목이 많아진다. 항시 시험에 대비하는 생활이 이어질 수밖에 없었다.

연대 도서관이 아닌 서강대 도서관에 처음으로 간 날이다. 당시 서강대학은 몇몇 단과 대학으로 구성되어 지금 같은 종합대학 규모가 형성되기 전이었다. 타교 도서관이라 큰 실내를 피해 복도

쪽에 설치된 외진 도서관 책상에 가서 앉았다. 타교생인 내게 특별히 껄끄러운 시선을 주는 사람도 없어 자연스럽게 자리를 잡고 있었다. 흔히 보는 국정 교과서와 달리 가로세로 크기가 크고 한글이 아닌 해부학 원서로 된 책을 꺼내 열심히 읽고 있었다.

"여기 학생이에요?"

웬 남자분이 옆에 와서 물었다.

"아뇨."

"이리 오세요."

남의 학교에 와서 셋방 학습한 것이 꼬리가 잡혔나, 자주 다니던 곳에 갈 걸 그랬나 보다 후회하며 뒤따라갔다. 그분이 어느 방의 문을 여니 음악이 흘러나왔다. 교수님의 방인가 보다. 슈베르트의 「미완성 교향곡」 레코드가 혼자 돌아가고 있었다. 교수님은 앉으라고 했다.

서강대에서 철학을 가르치는 박고영(1919~2014) 교수로 신부라고 했다. 나도 학생 신분을 밝혔다. 말씀의 억양과 내용으로 보아 나무랄 생각은 전혀 보이지 않았다. 서강대에도 의대를 신설하자는 의견이 분분하다는 이야기, 음악과 운동을 좋아한다는 취미 이야기, 신부님 되신 이야기 등을 말씀하였다. 그전까지 대학 교수님과 개인적으로 내면의 이야기를 길게 나눈 적이 없었다. 좋은 분위기에서 나누었던 귀한 이야기들, 교수님과 함께한 그 시간을 잊을 수 없다.

몇 년간 신년 연하장을 올리며 소식을 전했다. 그러다 연락이

끊겨 마음속의 스승님으로만 자리하고 있었다. 이 글을 쓰면서 2014년에 선종하신 것을 알았다. 소식을 몰라 그간 만나 인사드릴 기회를 얻지 못한 일이 안타깝다.

    교수님 방에서 듣던 「미완성 교향곡」의 멜로디에 섞여 "여기 학생이에요?" 하고 묻던 음성이 메아리 되어 들려온다. 지금 그립다.

가방 좀 봅시다

∽

    여남은 살 되는 어린 여자아이가 병에 흙을 담아 개미를 키웠다. 굴을 파고 사는 개미의 모습을 마치 저도 굴속에 들어가 사는 것처럼 호기심에 빠져 살피고 있었다. 꾸불꾸불한 굴속으로 드나드는 개미의 모습이 재미있고 조그마한 하얀 알을 볼 때는 꺼내 만져보고 싶었다. 지금처럼 취미로 개미의 투명 사육장을 크게 만들어 개미 일상을 관찰하는 일이 가능했다면 얼마나 좋았을까? 개미 사육장 앞에서 종일 떠나지 못했을 것이다.
    십자매, 문조, 잉꼬는 아버지께서 키우던 새로 모이 주는 일은 내가 거들었다. 새장을 잘 못 열다 새를 날려 보낸 일도 있었다. 새들이 동그란 사탕 같은 알을 낳아놓으면 온기가 식기 전에 부화시킨다고 쏙 들어간 내 배꼽 속에 넣고 따뜻하게 품었다. 며칠이 지났는데도 새끼가 나오지 않아 알을 깨뜨려 보니 공기 집만 텅 빈 채로 커져 있었다. 새끼를 보는 일이 쉽지 않다는 것을 알았다. 아버지는 빙글빙글 바퀴를 돌리는 다람쥐도 키우셨다. 몸집이 큰 다람쥐를 갖고 놀기가 만만하지 않았다. 바퀴 도는 모습만 보면서 놀았다.

6.25 피난지인 충청도 산골에서 누리던 풍성한 자연과 달리 서울 집에서는 마당에 작은 자연을 꾸미고 동물들과 같이 놀았다.

마당에 심은 화초들이 꽃을 피우기 시작했다. 노랑, 진분홍 분꽃이 피었는데 나비가 찾아오지 않았다. 붓을 들고 다니며 나비 노릇을 했다. 색깔이 다른 분꽃의 꽃가루를 이꽃 저꽃에 발라주며 꽃가루받이를 했다. 내년엔 어떤 색깔의 꽃이 필까, 까만 씨앗을 만져보면서 겨우내 긴 꿈을 꾸었다. 여름방학 숙제인 식물채집을 하기 위해 친구와 함께 풀이 많은 연세대학 동산에서 이름 모르는 풀을 고르면서 재미있게 조잘대던 추억이 지금도 생생하다. 오랜 일이 아닌 듯 떠오르곤 한다. 그때 친구를 만나면 얼굴은 알아볼 수 있을까? 가끔 작은 내가 풀 많은 그 동산에 앉아 있는 착각을 한다.

뿌리를 문지르면 빨개지는 풀, 이파리를 씹으면 신맛이 나는 풀, 까만 열매가 달리는 까마중, 까만 씨에 작은 흰털이 뾰족이 달려 날아가는 민들레꽃의 홀씨는 신기하기만 했다.

중학생이 되면서 방과 후에 곧장 집으로 가지 않고 수예가 있는 날은 학교 옥상에 친구들과 모여 앉아 천에 수를 놓거나 잡담을 즐기다 학교 문을 나섰다. 친구들 틈에 끼어 놀다가 나는 좀 다른 짓을 할 때가 있었다. 풍뎅이나 메뚜기들이 주변에 나타나면

면도칼로 해부 놀이를 했다.

"쟤는 좀 잔인하게 놀아."

친구들은 내 모습을 생소하게 보았다. 단순히 죽이는 일이 흥미 있어 한 일은 아니었다. 겉의 구조보다 속의 구조에 호기심이 발동했기 때문이다.

나의 내면에는 문과 성향과 이과 성향이 함께 자리 잡고 있어 곧잘 충돌이 일어났다. 고교 시절엔 문과 활동에 많이 주력했다. 이과반이면서 특별활동은 글쓰기, 책 읽기를 하는 문학반이나 편집반, 발성 연습으로 시작하는 합창반에서 많은 시간을 보냈다.

의과대학에 입학하여 본과에 올라가서 가장 생소한 인체 해부학 시간이 되었다. 해부학 실습실은 시체실이다. 실습실 가득 테이블이 놓여 있고 그 위에는 카데바(해부용 시신)가 한 구씩 누워 있다. 네다섯 명이 한 조가 되어 흰 가운을 입고 고무장갑을 끼고 앉아 실습시간을 맞는다. 낯선 시신과의 상봉은 누구나 처음 있는 일이다. 부패하지 말라고 포르말린 속에 담겼다가 나온 카데바에서는 특이한 냄새가 났다.

눈을 감고 누워 있는 내 앞의 죽은 사람과는 서로 인사도 나눌 수 없다. 사람인가 아닌가? 백골이 되지도 못하고 생명은 없는데 부패하지 않은 채 몸을 두르고 있다. 일 년간 그의 몸을 해부하며 익혀야 한다.

몸에 메스를 대고 샅샅이 파고 들어가 해부학 책에서 지적하는 부위를 정밀하게 찾아 피부부터 혈관, 신경, 근육, 각종 장기의 위치와 원어 이름을 기억해야 한다. 이 자리에 누워준 시신과의 인연이 우리를 미래에 병을 고치는 의사로 키워줄 것이다. 이쯤 되면 시신은 귀한 몸으로 천 권, 만 권의 해부학 서적이 되어준다. 스승이 된다.

고고학자 김원용의 수필 「고고학이라는 학문」이 떠오른다.

> 지하의 조상과 조용히 대화하며 민족의 역사를 밝혀 나가는 고고학도들은 얼마나 보람 있고 행복한 신세인가.

고분을 발굴하며 부패한 시신의 백골과 주위의 유물을 연구하는 고고학자들, 말이 없는 시신과 무언의 대화를 나누는 처지가 같아 떠오른 생각이다.

그날은 인체 해부 진도가 꽤 진전해서 심장 해부학이 끝난 날이었다. 집에서 공부를 더 하려고 실습한 주먹 크기의 심장을 가방에 넣었다. 곧장 집으로 향하지 않고 볼일 때문에 장충동 주택가 쪽으로 열심히 걸어가고 있었다.

"가방 좀 봅시다."

갑자기 남성의 음성이 들려왔다. 뒤를 돌아보았다. 경찰관이 나에게 하는 말이었다. 왜 그럴까? 내 책가방이 무슨 영감을 제공했을까? 문득 가방의 심장이 떠올랐다. 법에 어긋나는 일인가?

가방을 열어 보였다.

"이게 무엇이에요?"
"해부학 시간에 실습한 시신의 심장이에요."
"네에?"
놀라서 자신이 물은 말을 잊고 있는 듯했다.

오늘은 무슨 놀이를 할까?

　초등학교 3학년인 막내 손녀딸이 분홍 레이스로 만든 원피스를 입었다. 발레복(?)을 입고 거실로 나와 한쪽 팔은 위로 올려 가느다란 손가락으로 부드럽게 원을 짓고 다른 팔은 아래편 뒤로 살짝 내린 후 한 다리에 중심을 모으고 다른 다리는 발뒤꿈치를 들어 발레 동작을 만들었다. 몇 번씩 반복해 나름 발레를 안무하고 있었다. 얼른 「백조의 호수」 음악을 틀어주었다. 자그마한 몸짓이 제법 예쁘다. 자신의 흥이 어지간히 풀렸는지 슬그머니 방으로 들어갔다. 숨죽이고 따라가서 엿보았다. 인형을 담아놓은 바구니를 내려놓았다. 여러 인형을 골라냈다.
　"오늘은 무슨 옷을 입을래?"
　혼자 중얼거렸다. 입고 있는 인형 옷을 벗기고 다른 옷으로 바꿔 입히고 있었다. 무용수에서 다시 패션디자이너 놀이를 하고 있었다. 옷을 갈아입은 인형들을 인형 집에 배치했다. 동화 속 인형의 집에 예쁜 옷을 입은 인형들이 손녀와 함께 놀아주고 있다. 외출하여 방바닥에 누운 인형들은 차례를 기다리고 있다.

5학년인 큰손녀가 친구들과 함께 집으로 들어왔다. 방문을 닫고 한동안 조용했다. 책꽂이의 동화책을 꺼내 읽는 모양이다. 얼마 후 방문이 열리고 조잘대는 소리와 함께 거실로 몰려나왔다. 한 명씩 패션쇼 한다고 걷기 놀이를 시작했다. 늘씬하고 키가 제일 큰아이는 몸을 비틀며 모양내어 걷다가 갑자기 휙 돌아섰다. 제법 멋을 낼 줄 알았다. 쑥스러운 걷기를 머쓱하게 마치는 아이도 있었다. 멋 내어 걷기에 대해 쫑알거리더니 깔깔 웃으며 밖으로 나갔다.

　얼마 후 아이들은 손에 무언가 사 들고 돌아왔다. 방에 들어와 책상에 자리를 잡고 앉았다.
"그게 무어니?"
책상 위에 올려놓은 물건이 궁금했다.
"액체 괴물(슬라임)이에요."
처음 듣는 말이다.
"어떻게 노는 건데?"
"그릇에 물을 알맞게 붓고 이 물풀과 베이킹소다를 넣어 잘 저어주어요. 이건 하얀색이지만 색을 내기 원하면 물감을 넣어 섞으면 예쁜 색으로 변하지요. 그러면 말랑말랑해지고 맘대로 모양을 만들 수 있는 놀기 좋은 액체 괴물이 됩니다."
　아이패드를 갖다 놓고 액체 괴물 놀이 유튜브를 보고 있었다. 놀이도 수준 높게 즐긴다. 그 영상을 보면서 액체 괴물 놀이를 따라 한다. 색이 다양하지 못한 찰흙 놀이보다 환상적인 천연색에 말랑말랑한 촉감까지 가미된 액체 장난감은 아이들을 매혹하고도 남았다. 자꾸 만지고 싶어지는 촉감의 유혹은 중독의 수준까지 끌고 갈 것 같은 예감이 들었다. 나도 그 부드러운 촉감을 느껴보고 싶어지니 말이다. 아이들은 두 손으로 분주하게 주물렀다. 주무를 때마다 들리는 마찰음도 재미에 동조했다. 화려한 색으로 만들어지는 형체는 주무르면 다시 지워졌다가 새 형체 만들기를 반복했다. 아이들은 몰두했다.

놀이는 재미있는데 소재가 화학물질이다. 소재인 붕산에 과다 노출되면 설사, 구토, 경련이 일어날 수 있다. 인터넷의 정보이다. 유해 물질이 포함된 장난감 놀이가 편안하지 않았다. 이 장난감의 멋에 푹 빠진 아이들은 심심하면 사들였다. 조용할 때면 방문을 열고 슬그머니 감시한다. 액체 괴물을 잊으려면 시간이 걸릴 것 같다.

"책 읽고 독후감 쓰면 상금을 주려고 하는데 너희들 생각은 어떠니?"

얇은 책이나 그림을 삽입한 독후감 제출도 허용했다. 액체 괴물만 생각나지 않으면 성공이다.

혼자 놀면서 심심하면 견디기 힘들어한다. 옆에는 장난감이 있어야 한다. 초등학생 두 손녀에게는 아이패드가 대기하고 있다.

화려한 색깔의 움직이는 예쁜 인형들이 눈을 즐겁게 하여준다. 물리지 않는 영원한 노리갯감이다. 시간 가는 줄 모르고 폭 빠져 있는 모습을 볼 때 할 말을 잃는다. 해가 갈수록 아이패드와 핸드폰 동영상 보는 아이들이 늘어가면서 초등학생의 안경 착용자도 비례하여 늘어간다. 핸드폰 보는 시간에 집 밖에 나가 친구들과 놀라고 말했다. 밖에 나가도 같이 놀 아이들이 없다고 한다. 동네가 비어 있다.

화가 데이비드 호크니의 「더 큰 첨벙」 그림을 보면 외롭다. 말끔한 현대식 주택 앞에 눈이 부시게 파란 수영장이 있다. 이 그림에 사람은 보이지 않는다. 다이빙 보드에서 뛰어내리는 사람도 보이지 않는다. 물보라만 혼자 첨벙 튀기고 있다. 고요한 첨벙, 첨벙 소리만 난다. 바다처럼 파도 소리를 혼자 내고 있다. 아이들이 없다. 사람이 없다.

오늘은 무슨 놀이를 할까?

베들레헴의 암호

"길을 잃으면 딴 곳으로 가지 말고 그 장소에 있어요."
가이드의 잠언 같은 충고가 흔들리며 들려왔다.

머나먼 베들레헴을 향한 성지순례 여행은 꿈속에서나 그려보 았을까? 어린 시절 듣던 '참 반가운 신도여 다 이리 와서 베들레헴 성 안에 가 봅시다.'로 시작하는 성탄절 성가가 가까이서 들려오는 것 같다. 관광버스 창문에 들어오는 낯설고 먼 황색 광야의 영상을 바쁘게 카메라에 담았다. 푸른 나무로 옷을 두르고 있는 산야가 아니었다. 센 바람이 한 번 불면 전부 휘날릴 것 같은 누런 가루 같은 흙이 덮고 있었다. 날리는 흙을 잡으려나, 여기저기 돌멩이들이 풍성하게 쌓여 있는 모습도 특이했다. 촘촘한 곳에서 살다가 넓은 광야를 보니 마음이 활짝 펴진다. 끝없이 펼쳐진 길을 차가 아닌 짐승의 등에 올라앉아 매일 다녔을 것이다. 황토 언덕 위에 고대 무역로이며 군사도로인 회색빛깔 '왕의 대로'가 꾸불거리며 우리를 보내주고 있다. 오랜 역사를 품고도 대로는 빌딩이나 신호등 하나 없는 고독한 길이다. 오늘 우리가 지나고 있는 이 순간마저 왕의 대로는 소리 없이 고요한 역사를 머금고 있다.

해발 770m 산지에 있는 베들레헴에는 다행히 푸른 올리브나무들이 있어 산의 모습을 그려주고 있었다. 이스라엘에 있는 것으로 알았던 베들레헴은 팔레스타인 자치구에 소속되어 있었다. 예수 탄생 교회에 가는 날이다. 베들레헴은 산지라 석회암 바위가 많아서 옛적의 주택 구조는 동굴로 구성된 동네였다고 한다. 목재로 지은 마구간으로 알았는데, 석회암 동굴을 잠자리로 얻었고 그곳에서 예수님은 탄생했다.

4세기에 콘스탄티누스 대제의 모친인 헬레나에 의해 예수님이 태어난 곳에 예수 탄생 교회가 지어졌다. 누구나 이 교회 문 앞에서는 문이 작아 허리를 구부리고 들어가므로 '겸손의 문'이라고 부른다. 이곳의 교회는 유럽의 교회에서 볼 수 있는 첨탑이나 돔의 구조가 아니다. 베들레헴에서 흔히 보는 베이지색 돌을 벽에 입히고 요새처럼 견고하게 만들었다. 작은 문은 침략국의 말이나 대포의 출입을 막기 위해서이고, 요새 같은 건축의 특징도 침략을 고려한 지혜였다.

이 교회의 왼쪽은 성 카타리나 성당과 연결되어 있었다. 이 성당 건물의 가운데에 성모상이, 성당 정원에는 성인 제롬의 동상이 세워져 있었다. 성 제롬에 관해 처음 들었다. 성 제롬(347~419 /

420), 라틴어로 예로니모는 기독교의 성인으로 그리스어(헬라어) 신약성경과 히브리어 구약성경을 라틴어로 번역하였다. 세계 최초로 펴낸 이 라틴어 번역판은 정확한 번역에, 성직자만 읽을 수 있던 성경을 누구나 쉽게 읽을 수 있게 도움을 주었다.

성 제롬은 평생 성경 번역과 수도 생활을 하면서 인간적인 욕망이 생길 때마다 돌멩이로 자기 가슴을 때리곤 했다. 어느 날 제롬이 광야에서 수도 생활을 하던 중 사자가 출현했다. 놀라서 보니 사자의 발에 가시가 박혀 있어 뽑아주었다. 그 후 제롬이 사자와 가족처럼 지내는 모습을 볼 수 있었다. 성경을 번역하면서 죽는 날이 온다는 것을 기억하기 위해 해골을 옆에 두고 살았다. 이런 모습을 주제로 성 제롬을 존경하는 화가들은 아름답게 성화로 남겼다.

가이드에게 들은 성 제롬에 관해 호기심이 솟았다. 여행 성수기를 맞아 성당 마당은 순례객으로 가득 찼다. 앞에 보이는 성인의 동상을 영상에 담고 보니 뒷면 모습이 궁금해졌다.
"동상을 배경으로 단체 사진을 찍고 다음 여행지로 떠납니다."
목사님의 말씀을 뒤로한 채 단체 촬영을 포기하고 재빨리 동상 앞까지 뛰어갔다.
사각형 동판 동그란 그림 가운데에는 십자가가 그려져 있고 원이 십자가로 사분된 공간 안에 라틴어(?) 문장이 쓰여 있었다.

이 암호를 찍은 후, 잽싸게 인파를 뚫고 자리로 돌아왔다.
 아! 벌써 일행이 한 명도 보이지 않았다. 급하게 출입구를 향해 뛰어나가 왔던 길로 쫓아갔다.
 아무도 보이지 않았다. 섬뜩, 먼 주차장까지 찾아가기는 불안했다. 이곳저곳에서 일행을 찾다 아무도 못 만났다. 널따란 광장 의자에 앉아 떨리는 마음을 다스리고 있었다. 항상 여행 중 인원 파악을 하시던 목사님이 오늘은 왜 무정하게 떠나셨을까? 단체 사진 촬영은 인원 점검일 수 있다. 난 은밀한 이탈자였다. 멍하니 절망에 빠져 있을 수만 없었다. 시간이 없다. 대책을 생각해야 한다. 제자리로 왔다. 성당 마당에도 안타깝게 동양인은 보이지 않았다.
 경비실에 가서 묻고 싶어도 물을 말을 모르겠다. 다음 여행지도, 투숙할 호텔 이름도 모른다. 감람산으로 간다는 여운만 남아 있었다.
 "감람 마운틴에 어떻게 가요?"
 급하니까 한미 합성어가 나왔다. 감람산은 영어로 올리브 마운틴인데 감람 마운틴으로 생각이 막혔다. 말대꾸가 없었다. 택시도 버스도 없고 이 자리에서 꼼짝도 할 수 없다. 관광버스가 아직 기다리고 있을 것 같기도, 아니 떠났을지도 모르겠다.
 앞이 캄캄할 뿐이었다. 생각을 멈추기로 했다. 베들레헴의 암호가 풀릴 때까지….

이때다. 눈앞에 번쩍, 익숙한 눈빛과 마주쳤다. 순간 공포감을 강한 태풍이 쓸어갔다.
"길을 잃으면 딴 곳으로 가지 말고 그 장소에 있어요."
가이드의 충고가 맞았다. 관광버스 안에 있는 일행의 근심 어린 모습이 그려졌다.
"사진 찍는다고 혼자 떨어져 다니지 말아요!"
남편의 당부가 순간 들려왔다.

그대의 찬 손

　퇴근길 지하철에 발을 들여놓으며 틈새를 찾아 안으로 향했다.
　"여기 앉으세요."
　바로 서 있기도 힘든 곳에서 자리를 권하는 달가운 소리가 들려 급히 뒤를 돌아보았다. 빈자리를 염원하는 내가 되어 있었기에, 빈자리는 곧 내 자리였다. 당연히 앉았다. 급하게 앉고 나니 내 옆에 빈자리가 보였다.
　"여기 앉으세요."
이번에는 내가 여유롭게 말을 건넸다.
　"나는 여든네 살밖에 안 되었어요."
　끝내 사양을 하였다. 예사롭지 않은 사양이었다. 대개는 앉는다. 나보다 연장자인데 빈자리 정보에 담담한 마음을 갖고 있었다. 의아한 생각이 들었다. 지하철 좌석 차지가 만만하다고 할 수 없다. 민첩하게 염치없이 덤빌 때 겨우 자리를 확보하게 된다. 점잖게 양보만 하면 언제 앉게 될지 모른다.

노인 두세 명이 몰려 타면서 누군가는 여기 앉으라고 큰소리를 치는 일이 있다. 이때는 정말 자리가 있는지 아니면 일어나라는 위협인지 의문이 간다. 경로석에 젊은이가 앉아 있으면 야단쳐서 일으켜 세우는 겁 없는(?) 노인도 가끔 눈에 띈다. 경로석의 노인이 옆에 앉은 젊은이에게 바른 소리를 했다. 이 노인이 내릴 때 재빨리 뒤를 쫓아간 젊은이는 계단 내려가는 노인의 등을 밀어 상처를 입혔다는 말을 들은 적이 있다. 노인이 앞에 서 있어도 경로석에 앉은 젊은이는 핸드폰에 집중, 태연하게 마음을 닫고 있는데….

삼십여 년이 지났다. 뉴욕에서 처음 지하철을 탔을 때 앉은 사람들이 전부 작가처럼 책을 읽고 있어 놀랐고, 경로석이 보이지 않아 노인들도 동등하다는 생각을 했었다.

경로석이 없는 지하철 안의 노인은 손잡이를 잡고 허리를 똑바로 펴고 늠름하게 서 있었다. 노인 티를 내고 엄살을 부리지 않았다. 경로석이 없으면 노인의 엄살이 줄어들까? 아예 노쇠하여 견디기 어려운 사람은 말고….

중노인이 경로석에 황급히 앉았다. 아휴- 하며 안도의 가쁜 숨을 내뿜는다. 승강장에 줄지어 서 있다 들어왔는데, 숨을 몰아쉴 정도는 아니련만 허세를 부린다. 가끔 젊은이의 예의 바른 양보로 감격스럽게 자리에 앉는 수가 있다. 일어나는 젊은이에게 미안해 도로 붙잡고 앉힌다. 즉시 다시 일어난다. 앉는 기쁨도 있으나 타인도 인정한 내 나이가 순간 아쉽다.

경로석이 만석일 때 그 앞에 서 있기가 마음 편하지 않아 자리를 옮긴다. 젊은이 앞에 서 있기도 눈치 보인다. 눈을 마주치지 않으려고 외면을 한다. 먼 거리를 갈 때 앉는 것을 포기하기는 좀 힘에 겹다. 눈만 감으면 잠이 잘 드는 체질이라 내게 지하철 좌석은 하루의 피곤을 푸는 간이 쉼터가 된다. 읽을 책이 가방에서 쉬고 있을 때 앉고 싶어진다. 지하철에서 시간을 활용하는 메뉴가 서 있을 때보다 앉은 자리에서 더 다양하다. 경로 자격이 부여된 후 제법 앉는 좌석의 즐거움을 누려왔다.

나보다 연장자인 앞의 노인은 경로 자리를 비운 채로 계속 서 있다. 자신이 6.25 전쟁 때 총상으로 한쪽 팔을 잃고 고생한 일을 남의 이야기처럼 덤덤하게 이어가고 있었다. 지금 젊은이들은 상상하기 어려울 것이라고 했다. 젊은 나이에 전쟁에서 불구가 되었을 때 얼마나 절망했을까 이해하기 어렵지 않았다.

당시 몇몇 젊은 상이군인들은 상처 입은 몸을 빌미로 반항의 몸짓을 마구 휘두르고 다녔다. 개인 주택이나 업소에 다니면서 횡포를 부리며 구걸을 했다. 잃은 팔에는 갈고리 손이 달려 있었다. 이 갈고리를 삐죽이 내밀고 위협하면 모두 떨 수밖에 없었다.

얼굴 한 곳이라도 다칠까 봐 손으로 가리고 피했다. 치명상이 된다. 곧잘 만만한 어린 약자를 공격했다. 사실 갈고리로 누가 크게 다친 것은 본 일이 없다. 협박용이 아니었을까? 그들은 지금 노쇠해 있다. 여태까지 팔 하나에 적응해 살아왔다. 지금 이 상이군인은 한쪽 팔이 없는 상처를 딛고 경로석마저 양보하고 서 있다. 노인을 이겨내고 있다. 잃은 팔로 그의 삶에는 많은 인내가 쌓였다. 넉넉해 있었다.

  내리면서 앞에 있는 노인의 각기 다른 두 손을 보았다. 눈길이 가는 낯선 손에 내 손을 얹었다. 차가웠다. 가슴으로 느끼는 놀라운 차가움이었다. 아니, 지난 흔적이 아팠다. 노인의 남은 손과 함께 서투른 의수는 묵묵히 일을 거들러 왔다. 동행했다.
  찬 손인 의수에는 붉은 피는 사라지고 포성만이 가득 담겨 있겠지?

배가 고파요, 배가 고파요

초연이 쓸고 간 깊은 계곡, 깊은 계곡 양지 녘에
비바람 긴 세월로 이름 모를, 이름 모를 비목이여

강원도 어느 산에는 조국을 위해 싸우다 간 무명용사 돌무덤 앞에 십자 모형의 나무로 서 있는 비목이 있었다. 이것을 본 한명희는 자신의 나이와 비슷한 청년의 숭고한 희생을 생각하여 시를 쓰고 장일남이 곡을 붙여 완성된 곡이 「비목」이다.

지하철 안에서였다. 번잡한 승객 틈 사이로 가곡 「비목」이 테너 음색을 타고 들려왔다. 시각장애인이 구걸할 때 몸에 지니고 다니는 테이프에서 나오는 노래가 아니었다. 뜻밖의 장소에서 조심스럽게 들리는 독창에 귀를 쫑긋 기울였다. 생음악이 들려올 장소가 아니었다. 언뜻 듣기에 독창의 가창력은 허술하지 않았다. 노래 곁들인 구걸은 성악 솜씨가 따라주지 않으면 도전하기 쉽지 않다. 누구나 쉽게 부를 수 있는 대중가요도 아니었다. 가사 전달이 또렷했다. 가곡을 선곡하여 준비한 후 이 자리에 나왔는지 이미 알고 있는 곡이었는지 알 수 없다. 여러 사람이 있는 곳에서 나름대로 자신감이 없으면 노래는 부를 수 없다. 작은 동냥 바구니 하나만 들고 구걸해도 누가 무어라 안 할 텐데 노래를 부르고 있다. 노래 부르고 싶은 마음은 심리적으로 안정되고 마음이 넉넉할 때 일어난다. 돈이 없어 배불리 먹지 못해 힘이 없는데 무슨 노래가 나올까? 흥으로 나오는 노래는 아니고 돈벌이 수단으로 지하철에서 노래하고 있다. 노래는 빈손 지닌 사람이 내놓은 마지막 열정 같았다. 노래는 잘만 부르면 관심을 집중시켜 감동으로 사람의 마음을 열 수 있다.

지하철 안의 승객은 승객일 뿐이었다. 「비목」을 들어주는 관객이 아니었다. 저마다 사색에 빠져 있거나 대부분은 핸드폰에 시선을 집중하고 있었다. 편안하게 앉아서 저절로 들려오는 곡을 무심히 듣고 있거나 눈을 감고 있었다. 귀는 듣고 있지만, 마음은 냉담하게 문을 닫고 있는 듯했다. 길거리를 지나다 노래를 듣는 경우는 호기심이 생겨 소리 나는 곳으로 찾아가 듣는다. 누가 먼저 동전을 넣어주면 옆 사람도 넣고 싶어지지 않을까? 지하철의 승객은 감정이 쉬고 있었다. 언제부터 이웃의 아픔에 익숙하게 무디어 버렸나 생각해 본다. 습관 붙은 무관심이 갑자기 두려워졌다. 서로가 아닌 혼자로 살고 있나 싶을 정도로 서로를 안 보고 있다.

눈앞의 공연에 시선을 돌려본다. 옷차림도 과히 남루하지 않았다. 신은 등산화를 신었고 초라하지 않은 배낭도 메고 있었다.

중절모는 모금함으로 변했다. 구깃구깃한 지폐 몇 장이 가늠할 정도로 들어 있었다. 표정을 읽어보았다. 살아온 날 속에 궁색이 찌들어 보이지는 않았다. 차분하고 이지적인 모습이 지긋이 배어 있었다. 「비목」을 선곡할 만한 얼굴 모습이었다. 노인은 무슨 사연이 있어 이 자리에서 노래를 부를까?

노래에 승부를 걸고 있는지 모르겠다. 노래로 자신을 위로하고 있는지 모르겠다. 노래로 자신을 찾고 있는지 모르겠다. 노래로 오늘을 살고 있는지 모르겠다.

구걸에 선심 쓴다기보다는 노래에 사례하고 싶었다. 돈을 찾아 가방 속을 부스럭부스럭 뒤지면서 소란 피우는 티는 내고 싶지 않았다. 코트 주머니에 지폐 몇 장이 들어 있었으면 신속하게 전달했을 텐데, 아쉬운 생각이 들었다. 출출한 생각이 들어 산 빵을 봉투 속에서 얼른 꺼내 손에 쥐여 주었다. 순간 현찰이 아니라고 서운한 표정을 지을 느낌이 그려졌다.

"맛있는 빵을 주는군요."

중얼거리며 얼굴에 웃음과 함께 빵을 배낭에 넣는 모습이 보였다. 빵을 받으며 웃었다. 빵 하나의 기쁨을 보았다. 나의 빵을 같이 나누어 먹는 동료 같다는 생각이 들었다. 노래 잘 들었다고 자리에서 일어나 손목을 잡고 위로해 주고 싶었다. 앉아 있는 내 마음에 환한 등불이 들어왔다. 음악회장이 따로 있나, 노래 부르는 곳이 음악회장이 된다. 자신의 아픔을 작은 노래로 불러주었다. 다시 노래를 부르며 앞으로 지나간다.

지하철에서 내려 나가는 길이었다. 역내에서 야윈 노인이 내는 가련한 음성이 들려왔다.

"배가 고파요, 배가 고파요."

구걸하는 사람들을 꽤 보아왔으나 이런 허기진 대사를 읊고 있는 사람은 별로 본 일이 없다. 얼마나 배가 고플까? 배고픈 것은 당하지 않고는 모른다. 나도 배가 고파왔다. 당장 무엇을 사 먹고 싶었다. 사람이 지나는 길을 피해 외진 곳으로 가서 가방을 열었다. 노인이 있던 자리로 돌아오니 어디로 갔는지 보이지 않았다. 지하철 안으로 구걸을 하려고 이동을 했나? 한 층 더 내려갔다. 걸을 때 저벅저벅 들려오는 소음 속에 찾는 소리가 섞여 있었다.

"배가 고파요, 배가 고파요."

친구

퇴근하고 돌아와 텔레비전을 보면서 늦은 식사를 하고 있었다. 거실 책상 가운데에서 며느리와 두 손녀는 양옆에 앉아 부지런히 숙제에 열중하고 있었다. 얼마 후에 열 살짜리 큰손녀가 두 무릎 위에 머리를 숙이고 울고 있는 모습이 보였다. 엄마에게 꾸지람을 들었나 생각하며 시선을 돌렸다. 울던 손녀가 식사하는 내 옆으로 왔다.

"할머니도 보고 싶은 친구가 있어?"

눈물을 글썽거리며 볼멘소리를 냈다. 조금 전 울던 일이 떠올랐다. 꾸지람을 들은 것이 아니었다. 다섯 달 전 이사를 하면서 2년 반 동안 다니던 학교 친구들과 이별을 했다. 얼마 되지도 않았는데 친구가 보고 싶다고 울먹인다.

"할머니도 6.25 전쟁 때 피난 가서 다니던 학교를 떠나 서울 집으로 돌아왔어. 그때 헤어진 친구를 지금까지 한 번도 못 만났으니 얼마나 보고 싶었겠니? 너는 그 친구와 전화라도 하지 그랬어?"

"카카오톡만 했어."
"언제 만나기로 했니?"
"토요일에 만나는데 너무 멀어."
또 훌쩍인다.
"은경아, 만나서 어떤 재미있는 놀이와 이야기를 할까 생각해 보는 것이 어때?"
눈물을 손등으로 닦고 있었다. 손녀의 커가는 모습이 흐뭇하기도 하지만 애잔하기도 했다.

60여 년이 훨씬 지났다. 피난 간 곳에서 다니던 충청도 예산의 신례원초등학교, 큰손녀와 같은 학년인 3학년 때 떠돌던 무서운 소문이 갑자기 떠올랐다. 날짜는 모르지만, 불비가 온다고 했다. 언젠가 불비가 내려 모두 타 죽게 되면 나는 누구와 붙잡고 죽겠다는 등, 제 나름의 상상을 하면서 무서움에 빠져들고 있었다. 학교에 오면 아이들은 옹기종기 모여 앉아 같은 걱정을 반복했다. 아무도 그런 불비가 어디 있냐고 그건 거짓말이라고 말하지 않았다. 수업 중 선생님에게 불비가 정말 있느냐고 묻는 아이도 없었다. 집에서도 불비 이야기가 궁금해 부모님에게 물을 만한데 묻지 않았다. 아니 어른들도 모두 불비 걱정을 하는 중이라고 생각했는지 모른다. 아이들이 만든 불비 공포는 자신들의 주변에서만 번져 나가고 있었다. 6.25 전쟁의 실전 공포와 함께 가상의 불비 공포까지 어린 가슴에 추가로 각인되었다.

꿈같은 휴전이 되어 서울로 왔다. 마치 피난 학교에만 예보된 불비였듯이 서울 학교의 아이들은 불비에 관해 전혀 모르고 있었다. 나도 이곳에서 불비에 대해 한마디도 말하지 않았다. 나의 불비 공포가 점차 사라져가고 있을 무렵 피난 학교 아이들은 언제까지 불비를 걱정하고 있었을까 궁금해졌다. 불비 공포는 커가면서 스스로 풀어지고, 무서운 추억의 자리만 살포시 남았다. 불비 대신 불비 걱정하던 순수한 친구들의 모습이 그리워지기 시작했다.

피난 학교에 간 첫날 출석 부르는 시간이었다. 담임선생님의 호명에 따라 대답을 했다. 현지 학급 아이들은 '야' 하고 대답을 했고 서울에서 피난 온 몇 명의 아이들은 '네' 하고 대답을 했다. 처음 듣는 '야'라는 음성은 꽤 생소했다. 몇 안 되는 '네' 대답을 다수의 '야' 대답이 압도했다. 아침 등교 시간에 윗마을에서 모여 내려오는 아이들과 합류하여 작은 무리가 되어 학교에 가던 모습이 선하다. 책가방이 없어 아이들은 책보자기에 책을 싸서 등과 허리에 묶거나 팔에 안고 다녔다. 뛰어갈 때마다 생철 필통 안에서 떨그럭떨그럭 연필 구르는 소리가 났다. 연필들의 신음인지도 모른다. 보리밭 옆을 지날 때 문둥이가 나온다는 소문이 있어 아이들은 혼자보다 여럿이 몰려다녔다. 수업이 끝나고 집으로 올 때 뽕나무에 달린 오디 열매를 보면 입가가 시꺼멓도록 따서 먹었다. 친구 따라 논에서 올방개(물밤)를 캐내어 껍질을 벗긴 후 하얀 알

맹이를 맛있게 먹었다. 피난처에서만 보고 서울 와서는 한 번도 본 일이 없어 까맣게 잊고 있었다. 몇 년 전 시판되는 올방개묵을 보는 순간 망각했던 올방개 단어가 부활했다. 잊고 지낸 '올방개'는 모르는 말처럼 낯설었다. 유년기 친구가 갑자기 나타난 듯 반가웠다. 용돈을 모르던 피난 시절에 즐거운 군것질거리였다. 개구리나 메뚜기를 잡아 구워 먹는 동물성 간식은 입에 댄 일이 없다. 냇가에서 아이들과 가재, 작은 게, 송사리, 미꾸라지들을 잡던 일, 친구 따라 산에 갔다가 뱀이 있다고 뛰어 내려오는 아이들의 고함에 놀라 같이 도망가던 일….

   학년이 올라가며 집들이 촘촘한 서울과 달리, 펑퍼짐한 들이나 밭에서 풍성한 식물을 만지며 놀던 친구와 그곳이 무척 그리워졌다. 그때는 지금과 같이 편리하게 여행을 하지 못했다. 피난 갔던 곳에 놀러 가보자는 생각도 미처 못 했다. 마음속에 그리움만 혼자 키워갔다. 초록빛 시골 향수가 짙어갔다. 수업 중 글짓기 시간이 되면 피난 갔던 시골의 추억을 보물처럼 꺼내 열어보곤 했다. 사춘기가 될 때까지 향수병을 시름시름 앓으며 헤어나지 못했다. 유년기의 향수는 내 마음속에 그려진 아름다운 풍경에 고운 물감을 칠해주었다. 할머니가 된 피난 시절 친구들은 지금까지 유년기 불비의 악몽을 기억하고 있을까?
   나도 토요일엔 그 친구들을 만났으면 좋겠다.

동행

압구정 지하철역의 계단을 내려가 승강장으로 들어섰다.
"여기가 구파발 가는 쪽인가요?"
"맞아요."
소리 나는 쪽을 바라보았다. 근처에 있는 아가씨가 대답을 했다. 눈을 꼭 감은 아주머니가 흰 지팡이를 짚고 서 있었다. 난 병원에서 진료일을 마치고 집으로 가는 길이었다. 무엇에 홀린 듯 그녀의 뒤를 따라갔다. 계단이나 횡단보도를 걷다 보면 멈추는 표시인 노란 점 모양의 점형 점자블록(위치표시용)이 있고, 지하 통로나 보행자용 도로에도 걷게 유도하는 노란 선 모양의 선형 점자블록(방향표시용)이 보인다. 노란색은 저시력이나 좁은 시야의 장애인에게 다른 색보다 뚜렷하게 보이기에 사용된다.

지하철 출입구 앞에 일직선으로 설치된 점형 점자블록을 따라 그녀는 흰 지팡이를 두드리며 거침없이 걸어가고 있었다. 지하철을 타기 위해 점형 점자블록 위에 서 있는 사람들과 부딪치기도 했다. 앞을 보는 사람들이 흰 지팡이 짚고 가는 사람을 배려하지 못했다. 휴대폰에 몰입해, 못 보는 이가 갑자기 옆에 나타나면 신속하게 대응하지 못했다. 흰 지팡이가 자신의 신체를 접촉하면 그때 놀라서 비켜주었다. 주위 집중을 위해 아름다운 음향이 내장된 신형 흰 지팡이를 제조하면 어떨까 생각해 보았다. 그러나 이어폰이 청각을 덮고 있으니 얼마나 효력이 있을지 모르겠다. 앞이 안 보이는 사람은 자신이 타인에게 어떤 실례를 했는지 구체적으로 모르는 채 "미안합니다." 말을 남기고 지나갔다. 흰 지팡이 하나로 보행 방향의 장애물 파악이 얼마나 부족한 것인지 보고 있었다. 복잡한 곳에서 보행속도의 조절은 더욱 어렵다. 때로는 무례하다고 난처한 일도 당할 것 같았다. 안 보이는 걸 어떻게 해? 배려가 없으면 힘들다. 옆에 가까이 따라가면서 마치 어린아이를 물가에 내놓은 것처럼 마음이 불안했다.

    그녀의 보행 요령에 착오가 생길 것 같아 지나친 간섭은 자제했다. 그러나 무의식중에 급하게 "사람 있어요." 하고 안내를 하고 있었다.
    그녀는 무어라 혼자 중얼거리며 승강장에 설치된 안전문을 더듬거렸다. 안전문 옆 비상문 상단 즉 사람의 키 높이에 8-1 숫자 팻말이 있었다. 그 밑에 작은 동그란 점들이 있는데 그것을 더듬고 있었다. 공공건물이나 공중이용시설의 핸드레일, 화장실, 출입문, 엘리베이터의 조작판, 자판기 버튼 등에는 점자표지판이 손이 스치고 지나기 쉬운 위치에 설치되어 있다. 오늘 처음 그곳에 점자가 있는 것을 보았다.

"그 점들은 왜 만지세요?"

"이 문의 점자가 8-1이니까 10-4가 나올 때까지 앞으로 더 가야 마지막 칸이 나와요."

유리로 된 안전문이 서로 닫힐 때 충격을 감소시키기 위해 싸고 있는 고무 마감재를 만지고 있었다.

"이 부분의 무늬 촉감을 통해 안전문이라고 알고서 열차 안으로 들어가지요."

눈이 보이면 간단한 것을 모두 촉감으로 인식하고 있었다.

그녀는 이미 마지막 칸을 선택했다. 지하철 노약자석에 앉아 있는 노인은 많이 보았어도 약자인 장애인은 본 기억이 없다. 승차 전부터 민첩을 요하는 노약자석 차지는 포기하고 있었다. 마지막 열차 칸 뒷벽에는 긴 지지대가 있었다. 이곳에 자전거를 놓았던 청년이 다음에 내린다고 자리를 내주었다. 그녀는 지지대에 안심하고 몸을 의지했다. 좋은 쉼터였.

타고 가는 동안 자신의 과거 이야기를 시작했다. 자신의 주위에 사람이 밀착해 있는 것을 모르는 그녀는 작지 않은 소리로 말을 했다.

"세 살에 홍역을 앓고 실명하여 내가 남들처럼 못 보고 사는 것을 몰랐어요. 모두 그런 줄 알았지요. 아이들과 같이 놀면서 쑥도 캤으니까요. 여덟 살이 되자 나만 빼고 친구들은 다 학교에 갔어요. 그래서 엄마에게 학교에 보내 달라고 떼를 썼어요. 눈앞에 손가락을 폈으니 몇 개인지 말해보라고 하더군요. 안 보인다고 했더니 다른 아이들은 본다고 했어요. 내가 못 보는 것을 그때 처음 알았어요. 나중에 맹아학교에 다니며 점자를 배웠지요."

"지금 혼자 사세요?"

"네."

"어릴 때 엄마는 내게 일을 많이 시켰어요. 김치도 담가보았어요. 지금은 도우미가 와서 많이 도와주고 있지만…. 도우미도 내가 버릇 들이기에 달렸어요. 언제는 좋지 않은 야채를 사다가 반찬을 만들어 주었어요. 난 이거 안 먹을 테니 당신이나 갖다 먹으라고 했지요. 그 후부터 나를 무시하지 않더라고요. 엄마가 내게 많은 훈련을 시킨 덕분이에요."

약수역에서 내려 화장실에 갔다 다시 타겠다고 했다. 나는 여기서 내려 6호선으로 갈아타야 하지만 또 따라갔다.

"이제는 그만 가세요. 내가 혼자 갈 수 있어요. 부담스러워요."

"걱정하지 마세요."

짧은 시간 동행하면서 보는 사람이 볼 수 없는 감은 눈이 보는 것을 잠시 볼 수 있었다. 그녀는 약간의 혼동을 거친 후 제 길을 찾아갔다. 한 층을 더 올라가 점형 점자블록의 안내를 따라 장애인 화장실 앞에 섰다. 문 앞에 서서 '열림'이라는 글 아래에 있는 작은 점자들을 만지니 문이 열렸다. 그녀가 남자 장애인 화장실에 들어간 것을 후에 알았다. 여자 장애인 화장실은 조금 더 들어가 있었다. 볼일을 마친 후 나왔다. 계단을 올라갈 때와 내려갈 때는 지팡이로 계단마다 짚고 잘 걸었다.
　계속 비상문 숫자 팻말의 점자를 만지며 앞으로 갔다. 마지막 칸까지 왔다. 아직 열차가 들어오기 전이라 근처에 있는 의자를 손으로 더듬어 찾아 앉았다. 나도 옆에 자리를 잡았다. 잠시 침묵했다. 갑자기 지팡이로 토닥토닥 바닥을 치며 찬송가를 읊조렸다.
　"볼 수 있다면 무엇을 가장 보고 싶으세요?"
　"아들이요."
　"결혼하셨군요?"
　"남편은?"
　"내 속만 썩이다가 죽었어요."
　그녀의 마음을 검은색으로 물들이고 싶지 않았다.
　"점심은 잡수셨어요?"
　"아뇨."
　"국가에서 주는 돈으로는 생활비가 모자라 종일 굶을 때도 있어요. 우리나라 복지는 아직 멀었어요."
　"그전보다는 많이 좋아졌지요."
어려운 사람이 많은데 언제 충족한 복지 국가가 될까?
　"돈의 구분은 어떻게 하세요?"
　"돈의 기장이 달라요."
　그때 우렁찬 소리를 내며 열차가 들어오고 있었다. 집까지 동행을 고집하지 못했다. 급히 가방을 열어 한 장 있는 고액권을 꺼내 반으로 접어 손에 쥐여 주었다. 싫다고 사양했다. 서로의 마음을 나눈 표시로 받으라고 했다. 하얀 미소가 아름다웠다.

    먼 순례자의 길을 바라본다.

오 원을 갚은 날

숭인동에 사는 대학 친구 집에서 처음으로 시험공부를 했다. 밤이 늦어 바삐 걸어 나와 전차를 탔다. 집에 가려면 서대문까지 가야 하는데 동대문에 도착한 전차 안에 종착역 표시판이 보였다. 전차가 운행을 종료했다. 평소 먼 거리를 늦은 밤에 다니지 않아 이런 일은 처음이었다. 가슴이 철렁했다. 내 손에는 전차 패스권만 있었다. 당장 버스 탈 돈이 없었다. 아무런 묘안이 떠오르지 않았다. 걸어갈 거리가 아니었다. 게다가 야간 통금시간이 있던 때이다. 학기말 고사를 앞두고 한시가 급했다. 어딘가를 향해 가고 있는 사람들이 갑자기 부러워졌다. 멈춘 자리에 서 있으면 안 된다는 생각이 몰려왔다. 시간 지나가는 소리가 옆에서 크게 들려오는 듯했다. 정신을 가다듬어야 했다. 땅바닥을 내려다보았다. 길 위에 돈은 떨어져 있지 않았다. 여기저기 후진 구석까지 살펴보아도 돈은 눈에 띄지 않았다.

바삐 지나가는 사람들의 얼굴을 쳐다보았다. 내 마음을 읽어 줄 사람을 찾아보았다. 아니 내가 그들의 마음을 읽어야 했다. 내게 돈을 줄 만한 사람을 찾아야 했다. 돈을 달라고 구걸해야 된다. 모르는 사람한테 부모에게 돈 달라 하듯 그냥 달라고 하는 일이 쉽지 않았다. 그래도 지금 할 일은 돈 달라는 일뿐이었다. 있어 보이는 젊은 여자에게 가까이 갔다.

"저어, 버스 요금 오 원 있으세요?"

아, 드디어 내 입으로 돈을 달라고 말했다. 자신이 놀라웠다. 순간 그녀는 내 얼굴을 힐끔 쳐다보고 어이없다는 듯 지나갔다. 첫 번째 시도에 실패하니 말이 쏙 들어갔다. 또 용기를 내어야 한다. 점잖아 보이는 중년 남자에게 다시 도전을 했다.

"실례지만, 버스 요금 오 원 있으세요?"

못 들은 척 무관심하게 지나갔다. 아, 어렵다. 이 자리에서 날이 새면 어쩌나 마음이 초조해졌다. 내가 장난하는 것처럼 보이나 생각해 보았다. 비참한 6.25 전쟁 때에도 누구에게 달라고 해 본 적이 없었다. 버스 요금 오 원 때문에 저 아래로 한참 굴러떨어져야 했다. 이 순간 소원은 버스를 타고 집에 가는 것뿐이다. 늦은 시간이 되면서 지나가는 사람도 많지 않았다. 낮에 지친 얼굴들, 그중 한 사람에게 접근하기가 어렵다. 주는 것 없이 달라는 일이 쉽지 않았다. 따뜻한 사람을 찾아야 했다. 마음이 후해 보이는 아주머니에게 눈길을 주었다. 한번 나온 말이니 다시 꾹 참고 해보자.

"죄송해요, 혹시 버스 요금 오 원 있으세요?"

딱하다는 눈길만 주고 그냥 지나갔다. 또 거절을 당했다. 이

사람 저 사람 다 붙잡고 돈을 마구 달라고 하고 싶었다. 가릴 처지가 아니었다. 생각뿐 말이 일을 하지는 않았다. 달라는 말 하기가 이렇게 힘든지 몰랐다. 용기가 다시 나지 않았다. 버스마저 끊기면 길에서 잠을 자거나 경찰서에 가야 한다.

저곳에 측은한 몸짓의 노인이 걸어오고 있었다.

"미안한데, 버스 요금 오 원 있으세요?"

풀이 다 죽은 듯 작은 소리로 말을 했다. 순간 그의 손이 바지 주머니로 들어가는 것을 보았다. 돈을 꺼내어 내게 주었다. 얼마나 간곡히 기다린 순간인지 모른다. 감격하여 그의 손등을 턱석 잡았다. 내게 돈이 있으면 듬뿍 쥐여 주고 싶은 가련한 손등이었다.

'큰돈' 오 원을 내고 버스를 무사히 탔다. 마음이 행복했다. 버스 안에서 허름한 노인의 손이 떠올랐다. 많지 않은 돈에서 오 원을 덜어낸 넉넉한 손이었다. 아니 마지막 돈이었는지도 모른다. 그 뒤로 나와 같은 일을 시도하는 많은 사람들이 눈에 보이기 시작했다. 대전까지 가야 하는데 돈이 없다는 등 장거리의 부담스러운 교통 요금을 요구하는 구걸 행위가 빈번하게 보였다. 그러나 진실한 행위로 보이지 않아 별로 공감을 주지 못했다. 자신의 노력을 기피한 구걸 행위는 거부감을 주었다. 절박한 도움이 필요한 대상을 찾고 싶었다.

교대 지하철역 개찰구에 한 여인이 서 있었다. 반듯한 젊은 여인이었다. 무언가 머뭇거리며 조심스럽게 말을 걸어왔다.

"지하철 요금이 없는데 천 원 있으세요?"

지난날 내가 "버스 요금 오 원 있으세요?" 하고 묻던 장면이 번개같이 지나갔다. 언제부터인가 내 마음속에서는 받은 돈을 돌려줄 사람의 얼굴을 찾고 있었다. 순간 그녀의 얼굴을 읽고 있었다. 몇 번이나 거절당했을까?

수십 년이 지났다. 그날 넉넉한 손을 가졌던 노인의 이야기를 지금 그녀에게 들려주었다.

오 원을 갚은 날이다. 자꾸 갚을 날이 있으면 좋겠다.

아름다운 내 집

　불혹의 나이를 넘기니 주변에서 부고장 날아드는 횟수가 늘어난다. 친구들이 부모님의 상을 당하는 것이다. 어쩌다가 동창의 이름도 부름을 받으니 이 나이도 흔들리는 시기임이 분명하다. 국내에서만 상갓집에 다녀보다가 지난 연말 시누이의 부고를 받고 LA행 비행기를 탔다.

　지병이 있어 오래 앓던 중인데 점차 위독해져 하루라도 빨리 비자가 나와 생전에 만나게 되길 고대했었다. 우리가 방문할 때까지 꼭 기다려 달라고 전화 통화를 할 때까지만 해도 너무 방정맞은 말을 한 것 같아 미안했다. 그러나 시간이 갈수록 인간의 일은 원하는 대로 기다려 주지 않는다는 불안이 싹트기 시작했다.
　출국 이틀 전 불행한 전화를 받고 말았다. 의사 동생 내외의 무능이 얼마나 원망스러웠을까? 최선의 도움을 주지 못했다는 가책으로 마음이 아팠다. 한 인간의 참기 어려운 고통을 마감해준 신의 뜻도 은혜이다. 우리에겐 하늘나라 소망이 있으니까 더 마음상하지 말자. 집에 도착하였을 때는 빈소만 있고 시신은 없었다. 미국에서는 시신을 일반 가정에 안치하면 불법이라고 한다.

입관 예배에서 평화롭게 잠이 든 시누이의 모습과 만났다. 분홍빛 한복을 단정히 입고 두 손을 앞으로 가지런히 모은 모습이 너무나 고요했다. 조금만 더 기다리고 있으면 눈을 뜨고 일어날 것 같았고, 숨을 쉬기라도 하는 것처럼 옷고름 부위의 가슴이 들먹이는 듯했다. 먼 길을 왔다고 사랑스러운 조카들을 바라보며 반갑게 웃어줄 것 같았다. 고통의 세례 속에 자신을 새로 단장하고 아름다운 모습으로, 헌 집을 비우고 영원한 자신의 집에 들었다. 마지막 모습이 내 눈에서 지워지지 않도록 보고 또 보았다. 우리나라의 오랜 의식인 시신을 염하는 풍습을 그려보았다. 베옷을 입히고 부위마다 매어놓아 바라보기에 무서운 풍습은 무슨 근거에서 만들어진 민속인지 모르겠다.

다음 날 장지로 향하였다. '장례'라는 영문 스티커를 영구차 유리창 문에 붙이고 오토바이의 에스코트를 받으며 열을 지어 달렸다. 영구차가 달리는 행렬 속에는 절대로 다른 차들이 끼어들지 않았다. 장지는 들판처럼 높지 않은 야산에 있었다.

크리스마스가 지난 지 며칠 되지 않아 묘지 둘레에 은줄을 두르고 크리스마스트리와 장식물로 꾸민 풍경이 눈에 띄었다. 묘지 앞에 묻어놓은 꽃병에는 꽃들이 아름답게 꽂혀 있었다. 풍선 두 개가 날리고 있는 어린아이의 묘지도 있었다. 아기자기한 정성의 표현으로 묘지의 풍경은 동화 세계 같았다. 꽃에 물을 주라고 수도가 여기저기 있고 큼직한 휴지통도 편리하게 놓여 있었다.

하관 절차가 있는 묘지는 미리 파놓았고 잔디도 떠서 옆에 준비해 놓았다. 예배순서에 따라 하관 후 유가족들이 흙을 한 삽씩 퍼붓고 나면 나머지는 흙차(?)가 메워주었다. 묘지는 봉분 없이 지표와 같이 편편하게 만들었다.

흙은 우리의 전부를 앗아가는 것일까? 인간과 흙의 친밀한 사이. 흙은 우리를 받아줄 마지막 손길이며, 모두를 다시 소생시켜 준다. 묘지 머리맡의 비석 판은 한 달여 만에 제작되고 이름, 출생, 사망연대, 헌정자의 이름을 표기한다.

부부가 나란히 누운 자리, 한 달 차이로 부부가 부름을 받은 사연도 보였다. 한창 젊은 나이에 온 사람, 어린아이로 누운 사람, 한국사람, 서양사람. 비문 내용으로 말을 하는 비석 판이다.

육 년 전에 LA에 왔을 때 천사의 상을 담은 하얀 조각들이 파란 잔디 위에 서 있고, 아름다운 음악이 흘러 천국 낙원처럼 착각되는 묘지에 간 일이 생각났다. 여행 중 회색빛 비석들이 즐비하게 서 있는 음침한 묘지를 차창 밖으로 바라보면서 우울했던 일도 있었다. 책에서 본 음악가들의 아름다운 묘지 부근의 풍경은 혼이 답례하는 듯 꽃들이 만발했다.

자신이 살아온 내용처럼 묘지의 모양도 다르다. 나의 죽음도 사는 일만큼이나 미리 준비해야 한다. 나의 묘지 글을 메울 소박한 문구가 마련될 수 있을지 자문해 본다. 흩어진 모습으로 급습당하는 부름 앞에서 당황할 겨를마저 없다. 부끄러운 나를 위해 조사 한 줄 읽어줄 친구는 있을까? 아니 조사에 담길 흔적을 한 점이나 찍어놓을 수 있을까? 나는 하늘 앞에 떨리는 모습이 되고 만다. 누구든지 언젠가는 가야 한다. 묘지의 번호만 다를 뿐 똑같은 규격의 조촐한 흙집에 인간은 제가 입었던 육신을 머물게 한다. 격렬하게 일렁이던 애증과 욕심, 온갖 감정이 소멸한 고요만 있다. 이러한 고요는 인간이 살아서는 불가능하지 않을까? 흙은 우리 인간 모두의 마지막을 덮어준다.

먼 저승의 마을은 잠자면서 영겁의 신비를 지키고 있다. 여유 없이 살아온 시간을 돌아보며 가끔은 이 마을 근처에서 사색하고 싶다. 흙과 하나 되는 연습을 하자. 한 자리 걸러 한 달 전에 작고 하신 시아버님의 묫자리가 아직 굳지 않았다. 저 멀리 또 영구차 행렬이 들어오고 있다.

꽃베개 베시고
이사한
하늘나라
아름다운
내 집

3부

예술의 향기

넬라 판타지아
그림이 가고 싶은 곳
동명이인 아닐까요?
장미의 숲에서
꿈이 사는 그림
정결한 여신
왜 깨우지 않았어요?
로댕 박물관
길 위의 피아노
날 색과 익은 색
음악이 있는 말

넬라 판타지아

워싱턴 D.C. 지하철역에서 출근 시간에 바이올린 연주 이벤트가 있었다. 이 자리에 유명 연주가 조슈아 벨이 청바지, 티셔츠 차림에 야구 모자를 쓰고 1713년산 명기인 40억 원이 넘는 스트라디바리우스 바이올린을 들고 연주를 했다. 한 시간 동안에 1,000명이 지나갔는데, 7명만 연주에 관심을 보였고 모금액은 총 32달러였다고 한다. 공연장에서 그의 연주 입장권은 100달러인데도 매진이 되었다.

화정역에서 내려 큰길로 나오는데 광장에서 세련된 바이올린 연주가 들려왔다. 한 번도 이곳을 지나며 길거리 연주를 들은 일이 없었다. 가까이 가보니 젊지 않은 외국인 남성이 알 수 없는 곡을 연주하고 있었다. 호기심을 감추고 연주곡 감상 사례를 준비된 상자에 넣고 떠났다. 일주일이 지난 두 번째 수요일이었다. 바이올린 연주가 또 들려왔다. 이번 연주는 시간적 여유가 있어 그냥 지나가다 길을 돌아 찾아갔다. 연주가는 어떤 남자와 우리나라 말로 같이 대화를 나누고 있었다. 그의 주변에는 의자와 보면대, 악보, 크지 않은 검은 앰프와 이름 모를 작은 기계가 있고 조금 떨어진 곳에 영문자로 연주자의 이름을 쓴 모금함이 놓여 있었다. 이야기하는 동안 은밀한 악보를 들춰 보았다.

「넬라 판타지아(환상 속에서)」「어메이징 그레이스」 두 곡이 눈에 들어왔다. 그는 기계를 만지며 음정을 조율하였다. 영화 「미션」에 나오는 가브리엘의 오보에와 성악곡으로 많이 듣던 「넬라 판타지아」를 먼저 신청했다. 벽으로 둘러싸인 공간이 아닌 확 트인 광장에 바이올린만의 선율이, 듬성듬성 지나는 사람 사이로 석양빛을 받으며 가슴 시리게 울렸다. 무심히 지나가는 사람, 음악을 듣고 재빨리 상자에 정성을 담고 지나는 사람, 상자에 돈을 넣고 얼마만큼 떨어져 연주가의 등을 바라보면서 "먹고 살아야지" 하며 중얼거리는 늙수그레한 할아버지의 모습…. 두 연주곡이 거리를 비질하고, 작은 음표 안개들이 살포시 피어올랐다.

외국의 어느 거리 음악회처럼 관객이 많이 몰려 즐기는 것은 아니어도 한 사람이 거리에 앉아 음악으로 아름다운 영혼과 따뜻한 사랑을 나르고 있었다.

조금은 쌀랑한 겨울바람에 편히 음악을 듣기에는 인내가 필요했다.

"어느 나라에서 왔어요?"

"우크라이나에서 2000년에 왔어요."

"전쟁 전에 오셨네요. 바이올린 연주가로 활동하셨나요?"

"일곱 살부터 배웠고 이곳에 와서 팝스 오케스트라의 악장을 했어요."

깜짝 놀랐다. 종합병원 근무를 사퇴한 후 방배동에 개업한 안과 진료실 근처에는 팝스 오케스트라 연습장이 있었다. 가끔 오케스트라 단원이 악기를 들고 치료받으러 오기도 했다. 갖고 온 바이올린이나 플루트를 보면 환자가 없는 조용한 시간에 문을 잠그고 '작은 음악회'라는 포스터를 문에 붙이고 그들의 연주를 즐거운 마음으로 감상했다.

오케스트라 단원뿐만 아니라 악기 들고 오는 사람은 연주하지 않고는 그냥 가지 않았다. 진료실에도 음향기기를 설치했기 때문에 항상 클래식 음악이 흐르고 있었다. 음악 좋아하는 줄 알고 비교적 거부하지 않고 연주해 주었으며, 음악회 입장권도 갖다 주었다. 음악을 좋아하는 사람끼리 만나면 쉽게 친해진다.

"가족들도 함께 왔나요?"
"전쟁 때문에 유럽에 있고 책임감으로 거리 연주를 하고 있어요."
이 연주도 오래 하면 머리와 가슴이 아파서 가끔 쉬어야 한다면서, 식은 커피를 마시고 있다. 손가락이 없는 면장갑을 끼고 연주를 했다.
"저는 멘델스존과 브람스의 바이올린 협주곡을 좋아해요."

"저도 브람스의 바이올린 협주곡을 좋아해요."

이곳 말고 명동에서도 거리 음악회를 연다고 했다. 연주하는 모습을 동영상으로 담았다. 넓은 광장에 연주복이 아닌 겨울 코트에 털실 모자를 쓰고, 혼자 앉아 연주하는 모습이 쓸쓸해 보였다. 독주회를 하면서 어떤 감정을 누르고 있을까? 연주 중에는 음악에 심취하겠지만 이국땅에서 가족과 이별한 그리움도 클 수 있겠다. 더구나 조국이 전쟁 중이라 마음은 얼마나 아플까? 긴 이야기를 나눌 수 없다. 거리의 연주 시간 동안 연주료가 모이므로 음악을 쉴 수 없다. 어릴 때 달빛동네를 혼자서 걷다 피아노 소리가 들리면, 대문 안으로 귓바퀴가 끌려 들어가던 생각이 난다.

오늘도 거리의 연주가는 나왔을까?

그림이 가고 싶은 곳

　장욱진 화백(1918~1990)의 5주기에 맞춰 「장욱진전」이 1995년 4월 4일부터 5월 14일까지 호암갤러리에서 열렸다. 내가 소장하고 있는 화백님의 작품을 전시회에 출품했기에 회고전을 관람하러 갔다. 우연히 화백님의 사모님과 큰따님을 만났다.
　프랑스 여행 중 센강에서 유람선을 타고 강 주변의 오래된 건물을 바라보며 강 풍경을 즐기는 「파리의 센강」(1983, 종이에 수채, 22x14cm)과 불어로 밀레의 집이라고 쓰여 있는 집 두 채를 바라보는 모자를 쓴 화가 본인과 사모님이 서 있는 「밀레의 집」(1983, 종이에 수채, 22x14cm) 그림으로 말문을 열었다. 이어서 동화 같은 화백님의 마음이 유화, 먹그림, 사인펜으로 나타났다.
　장 화백은 편찮으면 처제인 이운경 내과 원장이 진료하는 한국 병원에 단골로 입원하셨는데 심심한 시간에는 주로 붓장난을 한다며 붓 그림을 단숨에 그리셨다.
　서양화 작업을 할 때는 한꺼번에 세 장의 캔버스를 죽 놓고 흰색이 싫어 캔버스에 먼저 칠을 한 후 다시 바탕색을 지으면서 떠오르는 것을 그리셨다. 정신이 맑을 때 그림을 그려야 한다고 주로 새벽에 그림을 그리므로 작업하는 모습은 볼 수가 없었다.

그림을 다 그리면 낮에는 심심하여 술을 마시고, 자신이 그린 그림을 걸어놓으면 자꾸 고치고 싶어서 두세 점 모이면 화랑에 연락해 가져가라고 했단다.

「공기놀이」(1938, 캔버스에 유채, 65x80cm, 호암미술관)는 조선일보에서 주최한 「제2회 전조선학생미술전람회」에서 최고상인 사장상을 받은 작품으로 당시에 거금인 상금 100원을 받았다. 부상으로 고모에게 비단 옷감을 선물하여, 화가가 되는 것을 반대하던 가족에게 허락을 받는 계기가 된 작품이다.

1938년에 그린 이 그림은 장 화백의 내수동 집에서 일하는 하녀들이 쉬는 시간에 공기놀이하는 모습을 그린 것으로 얼굴 윤곽이 없는 그림이다. 박상옥(1915~1968) 화가에게 준 이 그림을 사후 그의 아들이 팔아 호암미술관에 소장되었다. 6.25 전쟁 이전 장욱진의 작품은 많이 소실되어 몇 되지 않는 그림 중 하나이다.

학생 시절 그림을 한평생 볼 수 있다니 얼마나 감격일까?

덕소 시대인 1970년 정초에 명륜동 집에서 예불에 열중이신 사모님의 모습을 보고 그림을 그리고 싶은 충동을 느껴 덕소로 돌아가 일주일간 식음을 전폐하고 사모님의 법명인 「진진묘」(1970, 캔버스에 유채, 33x24cm, 개인 소장) 작품을 완성하였다. 그림을 갖고 집에 돌아와서 몇 달 앓는 것을 본 사모님은 불길한 생각이 들어 그 그림을 태워버리려고 했다. 혜화동 사거리에서 사모님이 운영하던 동양서림(1954~1977)에 자주 오던 분이 달래서 주었는데 20만 원을 받았다. 불교를 소재로 한 최초의 그림으로, 외형의 묘사라기보다 불심이 집결된 내면이 환히 보이는 이순경(1920~2022) 사모님의 초상화이다.

「노인」(1988, 캔버스에 유채, 35x35cm, 개인 소장)은 당시 나의 소장품으로 출품했던 작품이다. 화면 중앙을 가득 채운 녹색의 큰 나무와 사면의 작은 여백 왼쪽 아래에 얼룩소, 위에 노랑 빛 둥근 해, 오른쪽 위엔 하얀 초승달, 아래엔 화가 자신으로 보이는 혜안을 품은 노인이 나무 속 비밀을 찾는 듯 시선을 올려 나무를 주시하고 있다. 문득 생활 속에서 노화가가 주시하는 시선을 따라 흉내 내는 자신을 볼 때가 있곤 했다.

미술 소장품을 전시회에 처음 출품했다. 미술관에서 남의 그림만 관람하다가 내 소장품을 출품하니 새로운 기쁨을 맛볼 수 있었고, 가까이 보던 그림을 멀리 놓고 보는 안목을 연습할 수 있었다. 내 소장품은 내 것만이 아니고 타인과 감상을 공유할 예술품이라는 인식이 생기고, 오랫동안 작품을 손상하지 않고 보존할 책임감도 생겼다.

자기 작품을 직접 전시하는 작가들의 전율을 내가 느낄 수 있을까? 외국의 유명 박물관에서 화가와 성이 같은 후손이 기증한 화가의 작품이 전시된 그림 앞에서 걸음이 오래 머물곤 했다. 오랜 시간이 지나 내 눈앞에 보이는 이 그림과 만나는 기적에 감사가 절로 나왔다. 훼손되지 않고 잘 보존된 이 작품이 오래 여기 있어 주기만을 기원했다. 왜 그림만 보면 또 보고 싶어질까? 그림이 나를 키워주고 있었다. 사람은 마지막에 영혼이 천국에 가기를 꿈꾼다. 그림이 마지막에 가고 싶은 곳은 어디인가?

장욱진 그림 산문집 『강가의 아틀리에』에 이순경 사모님의 사인을 받았다. 장 화백은 나의 부친보다 두 달 뒤 하늘나라에 가셨다.

순수한 동화 같은 그림을 많이 그린 장욱진 화백. 가정적이고 집을 좋아해서 화백보다는 화가로 불리기를 좋아하셨단다. 생전에 전시장에서 장 화가와 가족을 두 번 만나 이야기를 나눈 일이 행운이었다. 그의 봄기운과 같은 화사한 그림 앞에서 새봄을 보낸다.

동명이인 아닐까요?

　환자들이 옹기종기 모여 앉아 있는 오전 시간이었다. 흰머리의 유영국 환자께서 사모님과 함께 안과에 오셨다. 우연한 일이다. 진료실 벽에는 유영국 화백의 그림이 담긴 현대갤러리에서 만든 달력이 걸려 있었다. 이름이 똑같다. 조용하고 인자한 인상에 육감으로 내가 아는 유영국 화백일 것 같았다. 한 번도 뵌 일이 없고 사진으로 익힌 적도 없었다.
　"유영국 화백님이세요?"
거리낌 없이 여쭈었다. 키가 후리후리한 화백은 아무 말씀도 없었다.
　"동명이인 아닐까요?"
옆에 계시던 자그마하신 사모님께서 은근히 거부 반응을 보였다.
　"눈이 어때서 오셨나요?"
　"가까운 거리 보는 안경을 맞추려고요."
　내 육감도 만만치 않다. 돋보기안경 맞추는 근거리 시력표 대신 내 방으로 들어가 책상 위에 놓여 있는 어느 화가의 그림 전시

팸플릿을 들고 나왔다. 검안용 안경테를 얼굴에 착용케 한 후 팸플릿의 그림을 열어 손에 쥐여드리고 원하는 초점 거리에 놓아보라고 했다. 순간 팸플릿을 닫고 표지를 확인한다. 어느 화가의 그림인지 궁금한 모양이다. 화가가 아닌 평범한 환자가 취할 행동은 아니다. 독서 거리보다 좀 더 먼 거리에 초점을 맞추고 있었다. 손에 팸플릿을 들고 팔을 쭉 뻗었다. 손에 붓을 들고 캠퍼스에 그림을 그리는 화가의 모습이다. 빈 안경테에 도수가 들어간 렌즈를 올려놓으며 그림이 가장 잘 보일 때 말씀하라고 했다. 계속 독서거리보다는 캔버스에 그림 작업하는 거리에 초점을 맞추었다.

적당한 때, 근거리 시력표를 손에 들려드리고 안경 도수를 재확인했다. 안경 처방이 웬만큼 확정된 후, 책을 보면서 잠시 적응할 시간을 드렸다.

사모님을 모시고 유영국 화백의 달력 그림이 있는 쪽으로 갔다. 한 장씩 들춰 보여드렸다. 산과 들로 이루어진 자연을 색다르게 그린 그림을 보면서 전시장으로 달려가고 싶은 욕구가 생겼다. 화백님은 아름다운 산 그림을 있는 그대로의 모습보다는 면이나 선, 색들을 추상으로 표현하는 그림을 그렸다. 단순하고 세련된 화면 속에서 아름다운 색깔의 동화 이야기가 들려오고, 노을 물에 젖은 붉은 산은 진한 꿈을 품고 있었다.

둥그런 노랑 해의 얼굴 앞에는 빨강, 주홍, 초록, 보라색 산들이 화사하게 솟아 있다. 흰 나뭇가지 위에 올려 있는 삼각형 모양 컵 속의 노랑 물감, 연두색 물감, 초록색 물감들은 나무 내면에 들어 있는 아름다운 나뭇잎의 노래가 아닐까?

화가가 만든 처음 보는 색다른 낯선 자연 앞에서 이름이 다른 별을 생각하고 있었다.

사모님은 여쭈었다.

"이 그림이 좋아요?"

"기하학적인 형상과 강렬한 색의 조합이 만나는 그림이 아름다워요."

'내 작품은 내가 죽어야 팔릴 거고 살아생전에는 안 팔릴 거야. 울산에서 태어나 산이 많은 그곳에서 자랐기 때문에 내 그림은 주로 산이라는 제목이 많고 숲이라는 그림도 내가 어렸을 때 마을 앞에 놀러 다니던 숲이 생각나서 그린 것이다. 항상 나는 내가 잘 알고 또 언제든지 달려갈 수 있는 곳에서 느낀 것을 소재로 즐겨 그림을 그린다.'라고 평소 화백은 말했다고 한다.

'산은 내 앞에 있는 것이 아니라 내 안에 있다.'라는 그의 말씀은 내 마음에 깊이 머물고 있다.

유영국 화백(1916-2002)은 일본 유학 시절 추상미술에 집중하였고 광복 후에는 김환기 화백과 더불어 우리나라 추상미술의 선구자가 되었다. 우리 눈에 익지 않은 추상적인 그림인데도 왠지 이끌린다. 난해한 그림에서 풍기는 단순한 도형, 신비한 색채, 이지적인 이미지는 낯선 시선이지만 매력이 묻어 있다.

돋보기안경을 쓰고 테스트를 마친 후 진료 의자에 앉았다. 다시 한번 근거리 초점을 점검하고 처방을 적어 드렸다. 이 안경을 쓰고 어떤 그림을 잉태하실까?

"화백님 그림 참 멋져요."

"제가 화가 유영국이올시다."

장미의 숲에서

∽

　피천득 선생님의 『인연』 수필집을 다시 읽으면서 보스턴 박물관에 관한 글에 새삼 시선이 머물렀다. 수필 「호이트 컬렉션」과 「잠」 속에 보스턴 박물관의 소장품에 관한 글이 있는 것을 까맣게 잊은 채, 작년 가을에 보스턴 박물관을 관람했기 때문이다.

　수필 속에 소개된 그림을 박물관 화집에서 다시 찾아보며 보스턴 박물관을 또 방문하고 싶었다. 노란 가을 색이 물든 가로수 길을 따라갔다. 현대식 빌딩보다 빛바랜 붉은 벽돌 빌딩들이 보스턴 거리를 장식하고 있었다. 처음 찾아가는 그곳에서 서양화를 맘껏 보고 싶었다. 어떤 그림들이 나를 기다리고 있을까?

　이 박물관에 한국관이 있으리라곤 추호도 짐작하지 못했다. 외국에 전시된 우리나라의 국보는 더 자랑스럽게 보였다. 국보 옆에 영어로 중국문화의 영향을 받았다는 해설이 쓰인 것을 읽는 순간, 알면서도 민감해졌다.

　박물관 전시실의 한국관, 중국관, 일본관 등을 관람하고 며칠 더 서양화 전시관만을 여유 있게 보았다. 보스턴에 이주한 영국 청교도들은 초기의 고난을 무릅쓰고 미국에서 이룬 문화의 의미를 박물관 전시품에서도 대변하고 있었다. 다른 곳에서 보기 어려운 미국 초창기에 활동한 화가의 작품을 비롯하여 미국의 여러 화가 작품을 풍족히 소개하여 감회가 깊었다.

박물관에 동행하지는 못했으나 선생님과 추억에 잠긴 그림에 관해 떠올려보고 싶었다. 오늘 점심이 가능하신지 전화를 드렸다. 수필집 『인연』과 박물관 화집, 박물관 주변에서 찍은 사진을 챙겨 들고 살고 계시는 반포아파트로 향했다.

선생님을 모시고 장미 그림이 많은 '장미의 숲' 레스토랑으로 갔다. 이곳 주인의 형이 돌아가신 정찬승 전위화가이므로 실내에 그림과 장식품이 많아 눈요기에 좋았다. 장미 화가인 심명보 화가의 붉은 장미 작품도 걸려 있었다.

"이 음식점은 재미있게 꾸며졌어요."
이곳저곳 살피면서 말씀하셨다.
"선생님, 제가 작년에 보스턴 박물관에 다녀왔어요."
"아, 그랬어요. 좋지요?"
"선생님의 보스턴 박물관에 관한 글을 다시 읽으면서 선생님과 함께 얘기 나누고 싶었어요. 한국관의 '화문매병' 앞에서 놀랐던 일이 지금도 생생해요. 우리나라 청자를 박물관에서 만나다니, 전혀 생각을 못 했어요. 타국 미술관에서 우리나라 문화재를 만나본 일은 드물었으니까요."

소환되지 않는 이 문화 사절들은 얼마나 나를 따라 고국에 오고 싶었을까?

선생님의 「호이트 컬렉션」에서 '화문매병'은 고향 그리는 마음을 드러냈고 이 한 구절에서 문화재를 사랑하시는 선생님의 따뜻한 마음도 읽을 수 있었다.

"그래서 청자 화문매병의 온몸이 긴 그리움으로 푸르게 멍들게 되었을까요?"

「호이트 컬렉션」에 나오는 '화문매병'은 흰 매 한 마리가 나무에 앉아 있고 학 두 마리는 날고 한 마리는 머리를 가슴에 대고 서 있는 12세기경 고려청자이다. 이 유물을 수집한 호이트의 유언에 따라 보스턴 박물관에 기증되어 나까지 감상을 할 수 있었다.

"그곳에 아직도 일본의 사무라이 칼이 있어요?"

철기시대의 문화재로 누렇게 녹슨 칼들이 전시관에 진열된 것 말고 일본의 매끈한 사무라이 칼들이 전시된 것은 이곳에서 처음 보았다.

'사무라이 칼들이 수십 자루나 진열되어 있었다.
무서운 동화책을 읽은 어린아이같이 나는 자다 깨어 불안을 느낄 때가 있다.'

일본관을 관람하신 선생님께서 사무라이 칼을 보고 불안한 동심으로 표현하셨다.

선생님의 수필 「잠」에는 '만약 천국에 잠이란 것이 없다면 그곳이 아무리 아름다운 곳이라도 나는 정말 가지 않겠다. 내가 보스턴 미술관에서 본 수많은 그림 중에서 기억에 남는 것이 둘이 있다. 그런데 둘 다 자는 것을 그린 그림이다. 하나는 밀레의 그림으로 농부들이 들에서 낮잠 자는 것을 그린 것이오.'라는 구절이 있다.

파스텔과 크레용으로 그린 밀레(1814-1875)의 「정오의 휴식」(1866, 28.8x42cm)을 화집에서 찾았다. 농사일을 하던 부부가 피곤하여 짚더미 옆에서 다정하게 자는 풍경이다. 이 그림은 고흐(1853-1890)에 의해 유화로 「낮잠」(1889-1890, 73x91cm, 오르세 미술관)이 되어 환생한다. 고흐는 정신 질환으로 생레미 요양원에 입원, 외출이 허용되지 않는 생활로 지루한 나날을 보낸다. 그림을 그리는 일만이 자신의 병을 치유할 수 있는 상황인데 모델을 구할 수 없어 밀레의 작품을 보고 아드리앙 라비에유(1848-1920)가 만든 판화를 고흐가 모사했다.

밀레의 농부 부부는 화면의 좌편에 누웠는데 남편은 모자로 얼굴을 덮고 두 팔을 머리 양옆으로 올려 모은 자세고, 옆에 누운 부인은 엎드린 채 양팔을 모아 베고 머리에 수건을 쓰고 고된 잠을 자고 있다. 고흐의 그림에서는 우측 편에 부부가 같은 자세로 누워 자고 있다.

"그때 가족을 떠나 보스턴에서 지내며 향수병에 걸려 밤에 잠을 잘 자지 못하였어요. 밀레의 그림을 보면서 고단하게 단잠을 자는 모습이 얼마나 부러웠는지 몰라요."
잠을 설치신 선생님의 모습이 드러나고 있다.

　　선생님과 나의 박물관 관람 시기는 각각 수십 년의 차이가 있지만 같은 그림을 놓고 대화하며 추억에 잠겼다.
　　"보스턴 박물관 기행문을 꼭 써보세요."
몇 번씩 당부하신다. 90세 선생님의 얼굴에 티 없는 해맑은 빛이 어리고 있었다.

꿈이 사는 그림

∞

안방 문 윗벽에 작은 그림 한 점이 걸려 있었다. 유년기에 방문을 드나들 때마다 보던 오래된 그림이다. 아련한 기억 속의 그림이 색감으로 보아 유화라고 추측을 한 것은 오랜 시간이 지난 후다. 이 그림과 만남이 유아기 때였던 것과 그림이 방문 윗벽에 걸렸던 것으로 보아 차분하게 앉아서 본 그림은 아니다. 도회에서 볼 수 있는 기와집 앞에, 청색이 도는 옷을 입은 눈사람 몸집의 여인이 서 있었다. 집 앞에는 개천이 흐르고 근처에 다리가 있었다. 그림은 희미한 기억의 깊은 밑바닥에 깔린 채 누워 있었다. 육이오 전쟁 이후로 한 번도 본 일이 없는 그림이다.

나른한 주말 근무를 마치고 느긋한 여유를 누리고 싶어 혼자 그림을 보러 갤러리로 향했다. 이 그림 저 그림을 보다가 생소한 서동진 화백의 「설경」 수채화 앞에서 걸음이 멈췄다. 육이오 전 우리 집에 걸렸던 해묵은 그림이 갑자기 떠올랐기 때문이다. 집 앞에 있던 개천, 청색 옷 입은 여인, 다리…. 이들 소재가 해묵은 그림의 회상을 불러왔다. 지난날 무심히 본 것 같은 그림이 내 안에 숨어 있다 불쑥 얼굴을 들고 솟아올랐다.

그 시기에 보던 그림들이 차근차근 눈 앞에 펼쳐지기 시작했다. 건넌방에 있던 산수화가 그려진 병풍이 생각났다. 난 초등학교 입학 전 유아기에 편도선염을 잘 앓았다. 목이 아프고 고열로 방에 누워 있으면서도 눈은 바로 보이는 병풍 안으로 뛰어 들어가 그림 여행 놀이를 즐겼다. 밀짚으로 된 챙이 넓은 모자를 쓴 자그마한 할아버지가 냇가에 있는 다리 위를 지나는 그림을 보면서 나도 따라가고 있었다. 길가에 있는 나무들, 작은 집, 집 주변을 둘러싸고 있는 산골짜기, 넓은 들판, 더 넓은 하늘을 바라보며 우주 같은 병풍을 몇 바퀴씩 일주하며 놀았다.

병풍과 마주 보는 벽에 있던 흑백사진도 생각났다. 거무스름한 구름 사이로 으스름하게 비추는 달빛 아래 앉아 기타를 연주하는 외국 여인을 가끔 낯설게 바라보곤 했었다. 회상되는 그림들이 옛 친구처럼 반가웠다. 큰 소리를 내어 이름을 마구 불러주고 싶었다.

그날 전시된 그림을 감상하면서 해묵은 그림을 찾은 건 행운이었다. 어느 때라도 본 그림은 내면에서 혼자 익어 색깔을 입히나 보다. 그림을 보면 볼수록 자꾸 가까이하고 싶다. 벽이 심심할 땐 그림을 걸고 싶어진다. 벽이 하얗게 빈 것을 못 본다. 신혼 시절 작은 방에도 시선이 닿는 곳에 손바닥 크기의 복사된 그림을 여러 개 걸어놓았었다. 그중 하나가 지금도 남아 책꽂이에 앉아서 가끔 신혼 때를 불러와 준다. 아이들이 어려도 눈이 한가하지 않게 볼거리를 장식하였다.

　이제 그림을 걸어놓으신 부모님이 다 돌아가셨다. 누구의 그림인지, 제목도 모르고 그림에 얽힌 숨은 내용마저 알 길이 없다. 음악을 좋아한 아버지가 그림도 소장했을 것으로 추측만 하고 있다. 그림이나 음악에 관한 깊이 있는 이야기를 아버지와 함께 나누지 못한 일이 안타깝다. 시간이 여유롭지 못해 마음을 열고 그림에 관한 이야기를 한 번도 해보질 못하고 지냈다. 이런 생활이 습관이 되고 말았다. 「설경」을 본 후 잊었던 그림이 생각났을 때 아버지와 대화를 했다면 그 시점이 절묘한 계기가 아닐까? 애틋한 마음을 어디에도 풀 길이 없다.

　의식 밖으로 잊혔던 그림이 「설경」과 얼마나 닮았는지는 정확히 알 수 없다. 돌아온 그림을 지금 잊은 그림으로 만들고 싶지 않았다. 「설경」을 갖고 싶어졌다. 그 자리에 「설경」을 걸어놓고 어릴 때처럼 보고 싶었다. 그저 「설경」이나마 오랫동안 잊지 않고 보고 싶었다. 유년기의 흔적, 그림 속의 집에서 영원히 살고 싶었다. 뜻하지 않게 잊었던 그림을 찾아 마음에 담고 갤러리를 나왔다.

　다음 해 놀랍게 『女苑』 여성 잡지 앞부분에서 「설경」을 발견했다. 그림이 있는 책장을 오려 당장 표구점으로 갔다. 가슴속에 담겼던 그림은 입양되어 자리를 잡았다. 유아기에 보던 그림의 씨앗을 가졌다. 어린 꼬마가 그림을 바라보는 뒷모습을 그려본다.

초등학생 손녀딸이 내 옆으로 왔다. 안방에는 감나무 위에 올라가 감을 따려고 손을 뻗치고 있는 소년을 나무 밑에 있는 아이들이 바라보는 그림이 있다. 어느새 손녀가 이 그림을 보았다.
"할머니, 이 그림은 누가 그린 거야?"
"'김정'이라는 화가."
"아빠가 어렸을 때 감을 따려고 감나무에 올라간 것 같아."
"나도 감나무 위에 올라가 보고 싶다."

지금 그림을 바라보는 우리 손녀는 먼 훗날 무슨 꿈을 꿀까?

정결한 여신

"마리아 칼라스가 부르는 「정결한 여신」이에요."

진료가 끝나자 음악이 흐르는 오디오 앞으로 왔다. 곡명을 말해주었다. 오페라 『노르마』에 나오는 아리아로, 내가 좋아하는 곡이다. 그녀가 처음 병원에 환자로 왔을 때다. 맑고 청초한 얼굴에 미소를 짓고 있었다.

"성악을 전공했어요."

내가 좋아하는 음악을 전공했단다. 단순히 음악을 좋아해서 오디오 앞으로 온 것이 아니었다. 음악의 선율은 빠르게 마음속에 들어와 온기를 넣어주었다. 음악회 티켓이 생기는 날은 전화가 왔다. 연주회에 함께 가곤 했다. 친구들의 음악회나 자신이 출연하는 연주회였다. 음악회에 가면 감상하는 기쁨만 느끼는 것이 아니라, 곡을 연주하기 위해 치열하게 준비하는 새로운 삶의 모습도 엿볼 수 있었다. 혼자만의 하루 연주로 끝나는 일회용이 아니었다. 동료들 연주회의 관객이나 후원으로 품앗이하는 아름다운 모습도 보았다.

그녀의 제의로 점심시간에 국립현충원에 가서 산책로를 걷기 시작했다. 주변의 아름다운 풍경들에 눈이 끌려 자주 오게 되었다. 봄철 개나리로 시작하여 철쭉, 목련, 벚꽃, 장미꽃들의 향연도 좋지만 철따라 피는 냉이, 제비꽃, 민들레, 씀바귀, 금낭화, 구절초 등의 작은 꽃들이 아기자기하게 만발한 모습도 좋았다. 특히 봄철에는 벚꽃의 환한 분홍빛 공기에 곧잘 취했다.

은행나무가 풀어놓은 노랑 빛깔의 가을을 따라 산으로 들어가면 새들의 소리로 구성된 합창이 들려왔다. 합창단의 앞줄엔 길가 나무 사이에 서식하는 작은 몸집의 새들이 맑고 높은 소리로 멜로디를 냈다. 그 뒤에는 깊숙한 산속의 큰 새들이 저음으로 화음을 이루고 있었다. 꿩, 산비둘기, 까치다. 여름철에 특별 출연하는 뻐꾸기의 소리는 먼 산 저쪽에서 들리곤 했다. 가까이 따라가도 뻐꾸기는 항상 먼 곳에서 아련하게 '뻐꾹' 소리를 냈다. 산비둘기의 노래는 '구구 구구'로 단순하게 들리는 것 같지만 나름대로 음정 박자가 있었다.

"구구 구구, 산비둘기 노래를 계명으로 해보세요. 저는 청음 실력이 따라주지 않네요."

"미미 레레."

"신기하게 악보를 만들어 주는군요."

"미미 레레."

나도 산비둘기 노래를 따라 모창을 했다. 소리의 음정을 찾아 노래를 만드는 공상을 해보았다. 플루트가 꾀꼬리 소리, 클라리

넷이 뻐꾸기 소리를 내는 베토벤의 「전원 교향곡」 2악장 끝부분이 떠올랐다. 새들의 음악회에 자주 초대받으면서 그 소리에 귀가 친밀해지고 있었다.

여름이 올 무렵이면 은행나무 품속에서 쓰르라미라고 불리는 매미의 발성 연습이 울리기 시작했다. 처음에는 무슨 소리인지 몰랐다. 매미의 우는 소리쯤은 연습 없이 단번에 나오는 줄 알았다. 차차 발성이 잡힐 때까지 잡음처럼 불편한 소리를 내리라고 생각을 못 했다. 어느 날 득음한 매미는 지휘자 없이 노래를 한소리로 맘껏 부르고 절도 있게 뚝 그쳤다. 쉬었다 다시 부를 때도 같았다. 가냘프게 들리는 귀뚜라미 소리는 실내악처럼 감성적이고 집 안 뒤뜰에서 들어도 어울린다. 매미의 숙련된 대형 합창은 대단지 아파트에서도 듣기 벅찬 음량이다. 매미의 합창은 넓은 산의 품 안에서 넉넉한 공간이 되어준다. 산에서는 합창이 널리 퍼져 여유로워 운치 있게 들린다. 자연이 배경으로 드리우면 그림만 아름다운 것이 아니고 음악도 그랬다.

우리는 현충원을 걸으면서 자연 앞에 마음을 온통 펴 보였다. 연둣빛 어린잎을 바라보며 내 마음이 깨끗해졌고, 햇빛을 받아 내쉬는 나무들의 맑은 공기를 내가 되받아 마시며 숨도 정결해졌다. 정오의 햇빛은 더욱 짙은 그림자를 만들며 따라오고 있었다.

조금 전에 있던 진료실 공간을 떠나 이곳에 와 있는 것이 낯설다. 작은 산이지만 심산유곡에 들어온 듯 흐뭇한 마음으로 산의 친구가 되고 있었다. 나는 이 산에서 무엇으로 나를 짙게 칠해볼까?

"저기, 그늘에 넓은 바위가 있네요. 거기서 내가 갖고 온 김밥을 먹어요."

그녀의 음성에 낮잠을 깬 듯 시계를 보았다. 늦지 않게 진료실로 돌아가야 한다.

산을 찾은 지 몇 해가 지났다.

"생일 축하해요. 비엔나에 여행 갔을 때 100불 주고 산 것인데 마음에 드는지 모르겠어요?"

그녀가 생일 선물을 주었다.

"아유, 고마워요."

포장을 풀어보니 주석으로 만든 여러 개의 작은 컵이 나왔다. 컵의 표면에는 포도나무들과 농부의 모습이 양각으로 새겨져 있었다. 섬세한 조각이 신기하여 꼼꼼히 살펴보았다. 빽빽하게 미세 조각으로 가득 차 있었다. 촘촘한 곳에 낯익은 한글 문자가 선뜻 눈에 들어왔다.

적국의 장군을 사랑하다 배신당한 노르마는 두 아이를 남몰래 키우는 엄마로 어느 편도 들 수 없었다. 달의 여신 앞에서 평화를 기원하며 부르는 「정결한 여신」이 다시 듣고 싶어진다.

왜 깨우지 않았어요?

～

눈을 뜨니 인천 공항이었다.
"아냐, 다시 런던 히드로 공항으로 가야 해!"
이건 현실이 아니다. 꿈일 것이다. 이렇게 긴 잠을 잘 수 있을까? 한 번도 깨지 않고 열 시간 넘게 잠을 잤다. 창가 좌석을 선택한 이유가 있었다.
마일리지 덕분에 처음 누린 비즈니스 좌석의 고품격 기내식도 걸렀다. 비행기 좌석의 안락이 베푼 향연이라면 손실이 너무 컸다.
"저녁도 못 먹고, 왜 깨우지 않았어요?"
"안 먹겠다고 했잖아."
수면 중에 나는 왜 맘에 없는 말을 곧잘 할까? 남편이 어이없다는 표정을 지으며 대답했다.

런던을 일주일간 여행하면서 매일 박물관 관람을 했다. 작지 않은 규모의 세계적인 유명 박물관을 언제 또 올지 몰라 매일 출퇴근을 했다. 휴식 시간은 오가는 지하철 안에 앉아 있는 시간과 점심에 식사하는 시간뿐이었다. 박물관 휴식용 의자에 앉아 쉬지도 않았다. 오래 서서 그림을 보며 천천히 걷는 일은 익숙하다. 자동차 면허증이 없어 평소 저절로 생기는 자투리 걷기의 수확은 생각 이상이다. 여행 일정이 잡히면 한 달간 걷기 훈련을 또 강화한다. 그림 감상을 할 때는 취향이 다르니 시간과 만날 장소를 정하고 해산한다. 완전히 혼자가 되어 그림에만 몰입한다. 감상한 그림들을 다 기억하지도 못하면서 낯선 그림과의 친교를 즐긴다.

그날은 의회민주주의 산실인 영국의 국회의사당을 찾아 유명한 빅벤 시계탑을 보면서 정원을 걸었다. 우연히 로댕의 「칼레의 시민」 동상을 발견했다. 프랑스에 이 동상이 있으면 자연스러운 일이다. 영국 이외의 어느 나라에서 소장한들 영국 국회의사당 빅토리아 타워 가든에서 본 것만큼 놀라운 일은 되지 못한다. 동상 앞에 놓인 대리석 판에 영문 글귀가 있었다.

'「칼레의 시민」은 에드워드 3세가 1347년에 일 년 동안 칼레시를 포위했을 때 왕의 처형 명령에 자원한 여섯 명의 시민을 기념하기 위해 제작된 동상이다. 에노의 필리파 왕비의 중재로 여섯 명은 살아났다.'

영국과 프랑스 역사 속에는 '백년전쟁'의 과거가 있다. 잉글랜드 도버 해협과 가까운 거리에 있는 프랑스의 칼레시는 전쟁 중 영국의 집중공격 목표가 되었다. 칼레시는 1346~1347년 사이에 영국군에게 항거하다 항복을 했다. 잉글랜드 왕 에드워드 3세는 칼레시의 사람들을 몰살시키겠다고 엄포를 놓았다. 그러나 칼레의 사절과 측근의 조언으로 새 조건을 제시했다. 칼레 시민 여섯 명만 택해 처형한다고 했다. 부유층인 '외스타슈 드 생 피에르'가 선두에 섰고 곧 다섯 명이 뒤를 이었다. 잉글랜드 왕비 에노의 필리파는 자신이 임신 중이라고 처형당할 여섯 명의 선처를 간청했다. 왕비의 청을 받아들여 영국은 프랑스에서 철수했다.

목숨 내놓을 용기가 어디서 났을까? 여섯 명의 시민 누구도 살 수 있다는 꿈은 꾸지 못했으리라. 여섯 명의 시민은커녕 죽겠다고 나선 시민이 한 명도 없었다면 역사가 어떻게 변했을지 모른다. 과연 국가가 위태로울 때 내 목숨을 내놓을 수 있을까? 떨린다. 왕비의 기적 같은 선처로 영국과 프랑스는 평화를 찾았다. 긴 전쟁 동안 두 나라의 감정은 좋지 않았을 것이다. 영국은 차지했던 칼레시를 잃어도 적국 여섯 시민의 용기를 읽을 줄 알았다. 자국 왕비의 자애를 높이 포용했다. 영국에 「칼레의 시민」이 안착할 수 있는 이유가 부럽다.

1894년 칼레시장 오메르 드와브랭은 영웅적인 시민 여섯 명을 기념하는 동상 제작을 로댕에게 제안했다. 이 동상은 원래 칼레시청 광장 앞에 세우기로 했다. 영국의 요구대로 머리에 모자는 쓰지 말고 자신이 처형당할 밧줄을 목에 감고 긴 옷을 걸쳐 입고서 칼레시 요새의 열쇠를 손에 들고 맨발로 단두대로 향하는, 죽음

앞에 침통한 모습의 동상이었다. 완성된 「칼레의 시민」 동상은 시민들이 기대한 영웅적인 모습은 아니었다. 시민들의 반발로 동상은 칼레시청이 아닌 한적한 바닷가에 세워지고 말았다.

시간이 가면서 로댕이 제작한, 죽음을 아파하는 '칼레 시민'의 용기가 이해되기 시작했다. 「칼레의 시민」은 결국 1924년 계획대로 칼레시청에 자리를 잡았다.

로댕은 진실한 '칼레의 시민'이 되었다. 여섯 시민은 죽음을 재촉할 만큼 한이 많지 않았다. 신분 있는 유지에 속했다. 열정과 꿈이 있는 사람들이었다. 꿈과 열정이 승화되었다. 로댕은 그들의 죽음을 가슴에 품었다. 죽음 전의 남은 순간을 철저하게 살고 있었다.

그는 두 손으로 머리를 감싸고 깊은 고민에 빠졌다. 칼레시의 열쇠를 들고 입술을 꼭 다물고 흔들림 없이 죽음을 직시하며 발을 떼고 있었다. 처음에 죽음을 자청한 피에르는 가운데에 서서 비장한 마음으로 상체를 구부리고 의미 있는 죽음을 자축하고 있었다. 유일한 형제, 뒤에서 따라오는 동생에게 우측 팔을 비틀어 연민의 손짓을 지어 보내고 있었다. 무어라 위로할 수 있을까? 동생도 입을 열어 마지막 응답을 하고 있었다. 고민하는 또 한 사람도 용기로 죽음을 극복하고 있었다.

이들 여섯 시민은 영광의 높은 좌대가 아닌 땅에 놓여 있었다. 지나는 모든 사람에게 절절한 마음을 내보이고 있었다. 순간 나도 '칼레의 시민'이 되고 있었다.

사실, 창가에 앉아 도버 해협을 지날 때 펼쳐질 칼레시를 사진에 담으려고 마음이 부풀었다. 그런데….
"칼레시도 못 보게 왜 깨우지 않았어요?"
"괜찮다고 하고서."
언제라도 잠결의 대답은 무시하라고 단호하게 당부하긴 했다. 난 끼니를 거르는 일뿐 아니라, 잠을 굶는 일은 더 못 한다.

로댕 박물관

파리 여행의 안내서는 미리 준비해 두었다. 비행기 안에서 느긋하게 읽고 일주일간의 여행 목적을 박물관 관람으로 정했다. 미대 다니는 친구 정혜네 집 서가에서 본 『로댕』 책의 두 활자가 오랫동안 뇌리에 고향처럼 안주하고 있었다.

로댕 박물관 문 여는 시간에 맞춰 포르트 마이오 지하철역으로 향했다. 지하철 좌석은 우리나라 기차처럼 두 사람이 마주 보고 앉으며, 문은 수동으로 고리를 열어서 타고 내렸다. 무엇보다 승객이 많지 않아 쾌적했다. 지하철 안내도를 보면서 첫 여행지를 찾는 모험이 불안하지만 긴장되는 맛도 괜찮았다. 불어로 표기된 역 이름을 읽을 줄 몰라 영어식으로 읽으며 새삼 외국어 알파벳을 가르친 분들에게 감사가 나왔다. 남편의 학회에 동반하여 자청한 혼자만의 여행이니 길은 잃지 않아야 한다. 지하철에서 내려 나오는 통로 벽에 적힌 Musee Rodin 글자 밑에 화살표가 그려져 있었다. 순간 목적지에 다 온 느낌이 들었다. 그러나 출구로 나오니 막막했다. '바렌역 하차'가 내가 아는 모든 정보이다. 주위를 둘러

보니 길거리 표지판에 적힌 Musee Rodin 글자 밑에 화살표가 보였다. 걷다가 갈림길이 나와서 물었다.

아! 성공이다.

드디어 하얀 로댕 박물관이 눈에 들어왔다. 문을 열고 들어가니 입구 우측에 중년 여인이 그림처럼 의자에 앉아 있었다.

홀에는 로댕이 만든 첫 작품 그의 부친 「장 밥티스트 로댕의 흉상」이 있었다. 박물관의 좌측부터 돌다 보니 연대순 전시였다. 첫 번 전시실에는 유약을 사용하지 않고 낮은 온도에서 군 양질의 찰흙제 조소인 테라코타로 된 「꽃 모자를 쓴 소녀상」이 있었다. 애잔하게 살며시 입술을 열고 무언가 속삭이고 있는 듯했다. 청초한 아름다움에 자꾸 뒤돌아보고 싶어지는 흉상이었다. 로댕이 동거한 로즈 뵈레가 모델이다. 친구나 지인의 모습을 흉상에 담기 좋아하여 우정의 표시나 답례로 만들었다는, 많은 흉상들이 표정으로 말하고 있었다.

로댕의 대표 작품 중 하나인 「입맞춤」이 하얀 대리석 맨몸으로 100년 넘게 긴 포옹을 하고 있다. 한 소녀가 그 앞에 앉아 데생하고 있었다. 자신의 미래를 그리고 있는지도 모르겠다. 조각들은 몸이 청동과 대리석으로 만들어져 차갑지만, 청춘의 열정적인 몸짓으로 전시실 안은 후끈거리고 있었다.

로댕의 모델, 제자, 연인인 까미유 끌로델의 「성년」이 눈길을 끈다. 평생을 반려자로 살다 말년에 결혼한 로즈 뵈레가 비스듬히 서서 로댕을 두 팔로 끌고 가고, 젊은 까미유는 뒤에서 무릎을 꿇고 팔을 앞으로 뻗어 잡으려고 애원하는 몸짓을 하고 있다. 까미유의 슬픈 자서전이다. 「성년」 앞에서 박물관 입구에 앉아 있던 여인이 무리에 끼여 안내자의 설명을 듣고 있었다. 안내자는 앞을 못 보는 그들의 손을 작품에 대주면서 촉각으로 느끼게 해주었다. 흔히 작품에 손대는 것을 금지하는 일이 그림 감상의 에티켓이다. 보지 못하고 만져서 이해한 것을 서로 이야기하면서 웃는 모습이 행복해 보였다. 전시실에 놓여 있는 축소판 「생각하는 사람」은 그의 왼손과 오른쪽 팔꿈치 모두가 왼쪽 무릎에 올려 있어, 한갓진 오른쪽 무릎의 청동색 피부는 만진 관람자의 손길에 닳아 노란 속살이 드러났다. 만져도 되는 사랑이 담긴 조각 감상을 위한 배려의 흔적이다.

할아버지는 휠체어를 밀어주면서, 할머니는 휠체어에 앉아서 작품을 감상하는 정겨운 모습이 눈에 들어왔다. 또 한편에는 하얀 햇살이 들어오는 창가 의자에 앉아 책을 읽고 있는 노부인의 모습도 보였다. 전시실의 분위기와 어울리는, 그리고 싶어지는 정경이었다. 나의 여생은 어떻게 데생할 것인가, 지금 모습대로 좋은가?

항상 옷으로 몸을 가리고 사는 나는 이 조각 작품들의 나체 언어에 익숙하지 못했다. 속살의 표정이 솔직하고 당당하여 옷 뒤에 숨겨진 또 다른 자연을 보는 것 같았다.

대가의 걸작품을 보는 동안 예술의 향기가 묻어나와 나의 내면에 그윽한 공간이 만들어지고 있었다. 로댕 박물관의 유래는 로댕이 68세부터 사망할 때까지 9년간 국가 소유의 우아한 비롱 저택을 빌려 살고 그 대가로 자신의 작품을 헌납하여 이루어졌다고 한다. 저택의 큰 거울, 가구, 창문을 통한 자연채광의 조명 등이 실내 조각 작품과 잘 어울렸다.

발이 떨어지지 않아 전시장을 세 바퀴 돌고 정원으로 나오니 울창한 나무 사이로 아름다운 새소리가 음악처럼 들려온다. 나는 이제 혼자가 아니다. 지난날의 로댕, 로댕의 비서이면서 로댕을 스승으로 칭하던 릴케, 로댕의 반려자 로즈 뵈레, 모델이면서 조각을 협업한 까미유 끌로델을 만나며 예술가들이 거닐던 이곳을 예술혼에 젖어 즐기고 있었다.

로댕 박물관의 장미 정원 옆에 세월에 씻겨 거칠어진 원형「생각하는 사람」이 놓여 있었다. 로댕은 단테의『신곡』에서「지옥」편을 주제로「지옥문」을 작품화했다. 시인인「생각하는 사람」은「지옥문」에 등장하는 인물상의 하나이다. 그는 지옥에 있는 인간들의 고뇌하는 모습을「지옥문」의 위에서 내려다보느라, 앉은 자세에서 등을 굽혀 오른쪽 팔꿈치를 왼쪽 무릎에 지지한 손등에 턱을 괴고 깊은 생각에 잠겨 있다. 이「생각하는 사람」의 자세를 따라 해보았다. 잠시 취하기에도 편안하지 않은 자세이다.「생각하는 사람」이 로댕의 분신처럼 느껴진다.

걸작의 숲에서 고독과 싸운 예술가를 생각하며 가슴이 찡해졌다. 예술은 아는 만큼 느낀다는 진실을 실감하며 혼자와 겨룬 시간이었다. 비롱 저택의 창가에 넘실대던 하얀 햇살이 지금도 그립다.

길 위의 피아노

젊은 시절 아버지는 고전 음악광으로 축음기를 갖고 있었다. 그러나 6·25 전쟁을 치른 뒤 음반과 축음기는 모두 없어졌다. 내가 중학생이 되면서 아버지는 라디오에서 음악이 나오면 퀴즈를 냈다.

"이 노래 이름이 무엇인지 아냐?"

"…."

"요한 스트라우스의 「아름답고 푸른 다뉴브강」이야."

차츰 아는 곡이 늘어났다. 동생들에게 아버지의 질문을 따라 하였다. 마침 라디오에서 하이든 작곡인 「시계 교향곡」이 흘러나왔다.

"이 곡이 누구 작곡, 무슨 곡이게?"

"교향곡 작곡, 하이든."

초등학교 막냇동생의 대답이었다. 모두 웃었고 이 말은 곧 동생의 별명이 되었다. 아버지는 오페라 「춘희 전주곡」, 멘델스존의 「바이올린 협주곡」을 좋아했다.

우리의 어린 날은 전후 폐허로 지금처럼 풍요롭지 못했다. 그래서 부러운 것이 많았던 시기이다. 지금은 웬만하면 소유할 수 있는 피아노가 그때는 귀했다. 어두운 골목길을 혼자 걷다 피아노 치는 소리가 들리면 그곳으로 가서 걸음을 멈추었다. 피아노의 선율은 당시 메마른 정서를 다독거려 주었다. 많이 듣던 피아노 명곡「은파」「소녀의 기도」「엘리제를 위하여」가 생각난다. 건반과 손가락이 만드는 피아노곡은 이름 모르는 연주자와 동석하고 있다는 착각에 빠지게 하였다. 마술 같은 건반을 한번 만지고 싶다고 갈망하다 어느덧 나도 피아노를 치고 있는 착각에 빠졌다. 연주회에 출입한 일이 없어 조촐한 길거리 작은 음악회를 즐겼다. 이런 기회가 자주 오지 않기 때문에 피아노 소리가 들리는 집 앞을 그냥 지나치지 못했다.

고교 시절 학교에서 합창반을 하고, 교회에서 성가대를 하면서 성악에 조금씩 발을 들여놓기 시작했다. 발성의 요령과 감정을 넣어 노래하는 원칙을 익혔다. 대학 시절 휴강 시간이면 찾아가던 음악 감상실인 아폴로나 르네상스에서 음악에 빠졌다.
졸업 후 직장에서 근무 중 배경음악으로 FM 음악 방송을 들었다. 처음에는 곡명, 작곡가 이름만 메모지에 적어가며 듣다가 차츰 지휘자, 연주가, 연주 단체에 관심을 가졌다.
대학 재학 중 간간이 국내 연주가의 음악회에 참석했다. 방송으로만 듣다 내한한 세계적 테너인 스테파노의 독창을 듣고 내 귀는 조금씩 변하기 시작했다. 시간이 지나면서 음악 감상 준비로 수차례 곡을 미리 듣는 과정을 거쳤다. 널리 알려진 곡도 들을 때마다 새로운 보물을 캐내어 느끼고, 생소한 곡은 귀의 감도를 높여 반복하여 들었다. 어렴풋하게 내 것으로 느껴질 때까지 탐색 감상을 포기하지 않았다. 같은 곡도 연주가를 바꾸어 들어보면서 연주의 개성을 발견하고 나의 취향과 연결 지어 보았다. 곡을 듣다 보면 귀에 잡히는 선율이 있다. 연주곡에 따라 음악회에 가는 마음의 긴장 상태도 달랐다. 선율을 많이 기억하고 싶거나 많이 느끼고 싶고 영감도 얻어 가고 싶으면 연주가와 곡에 대한 기대가 커졌다.

음악 감상은 진료실을 차리면서 오디오기기에 집착하는 단계로 들어갔다. 진료실에는 항상 음악이 흐르고 있었다. 치료받으러 오는 환자들도 좋아했다. 틈틈이 성악가, 기악 연주가들이 음악회 티켓을 갖다 주었다. 조트리오 어머니는 자녀의 연주 티켓을 인편에 보내주곤 했다. 나는 좋은 음악을 듣고 연주회 뒤풀이 모습을 사진에 담아 답례하였다. 가끔 자신의 악기를 들고 오는 연주가들에게 곡을 신청하여 진료실에서 생음악을 즐기기도 했다.

피아노를 전공한 팔순이 넘은 할머니 환자가 와서 베토벤의 「월광」 소나타를 들려준 적이 있다. 비스듬히 의자에 앉아 얼굴을 들고 먼 곳을 바라보며 선율을 따르고 있는 그의 모습이 아름다웠다. 음악 하나마다 이야기가 곁들여지기 시작했다.

신촌 로터리 근처에 있는 홍익문고에 책을 사러 갔던 날이다. 거실이 아닌 문고 앞 길가에 엉뚱하게 피아노 한 대가 놓여 있었다. 청년이 앉아 피아노를 치고 몇몇 사람이 빙 둘러서 있었다. 궁금해졌다. '달려라, 피아노'라는 이름표를 달고 있었다. 기증된 피아노들이 복잡한 거리나 공원에 자리를 잡으면 누구든지 피아노를 연주하여 그 주변을 아름답고 푸근하게 만들기 위한 운동이란다. 서로 모르는 사람들이 피아노 앞에 모여 마음을 열고 즐겁게 음악에 동화되고 있었다. 이 피아노에는 까만 색깔 대신 파란 바탕색에 화려한 그림이 그려져 있었다. 피아노 연주뿐만 아니라 외관을 기발한 그림으로 변모시키는 작업도 한몫했다. 멋진 연주를 하는 청년 옆에 가서 섰다. 어린 날의 내가 되어 설레던 피아노 소리를 눈앞에서 듣고 있다. 나도 치고 싶다고 염원하는 자신을 보았다.

어느 비 오는 날 비닐로 된 우비를 입고 있는 피아노를 멀리서 바라보았다. 늦은 밤, 근처 대학병원에서 학술모임을 하고 가는 길에 비닐 잠옷을 입고 있는 피아노도 보았다. 신촌 로터리 근처에 가면 피아노의 근황을 살피게 된다. 그날도 피아노를 바라보았다. 피아노는 먼저 입었던 화려한 연주복을 벗고 소설책을 한 장씩 떼어 붙인 책 옷으로 갈아입고 있었다. 하얀 상의에 청반바지의 젊은 옷을 입은 할머니가 피아노를 치고 있었다. 가까이 갔다. 한때는 피아노를 연주해 보았으나 지금은 매끄럽지 못한 솜씨였다. 그래도 좋다.

"잘 안 되는 부분은 빼고 잘 치는 곳만 쳐보세요."
펴놓은 「은파」 악보를 보면서 부추겼다. 투박한 두 손으로 건반을 누르는 모습이 새삼 부러웠다.

"몇 살 때 배우셨어요?"

"어릴 때는 없어서 못 배우고 스무 살이 넘어 배웠어요."

"매일 와서 치면 잘 치실 것 같아요."

"야단치지 않을까요?"

"피아노 치는 사람이 주인인데 누가 야단을 쳐요."

한 청년이 피아노 옆으로 왔다. 할머니는 그에게 자리를 양보했다. 알 수 없는 곡을 시원하게 쳤다. 끼 있는 할머니는 물러나 책 가게 계단에 앉아 지나간 꿈을 데려오고 있었다.

날 색과 익은 색

하루의 일이 짜증 나고 권태로울 때 화랑을 찾아 그림을 보면 감정의 찌꺼기가 걸러지고 신선해진다. 문화 갈증이 엄습해 오면 일터를 벗어나 화랑으로 가거나 음악회에 간다.

여건이 맞지 않으면 전시회에 혼자 가지만 대개는 그림 보는 친구와 같이 간다. 전에는 볼 만한 전시회를 골라 자유롭게 다니다가 작년부터는 목요일 점심시간마다 정기적으로 그림 감상을 하고 있다. 매달 첫 목요일 점심시간에는 인사동의 화랑을 찾는다.

그림 감상 회원 중 음식점 주인과 잘 아는 친구가 있어 그곳에서 중식을 한다. 이 음식점은 음식보다 주인의 그림 야담이 일품이다.

우리 일행이 식사하는 동안, 어김없이 주인은 옆에 정좌하여 구수한 미술 야사를 유창하게 강의한다. 음식 품목이 다양해 미각을 즐길 만한데 야사에 넋이 나가 음식은 맛도 모르고 그릇만 비운다. 다음에 찾아가면 강의를 녹음하거나 필기하여 재미로 두고 읽어보려고 한다.

　음식점 방마다 누렇게 묵은 색의 서화가 걸려 있다. 언젠가는 이 소장품의 해설을 부탁하여 숨은 이야기를 들어볼 예정이다.

　인사동 거리에는 골동품까지 있어 눈요깃감으로 안성맞춤이다. 화랑 유리문 너머로 보이는 그림이 있는 내실의 풍경은 깔끔하고 신비감마저 돈다. 마음이 편안해진다. 화랑 문을 열면 방명록이 있다. 이 방명록의 사인들을 들춰 보며 필체를 음미하는 일도 즐겁다.

　우리 3인의 회원 중 Q는 의젓한 자태에 항상 작가처럼 방명록에 멋있는 사인을 해서 유료 팸플릿도 무료로 잘 얻는다. 그림을 하나하나 보면서 오래 눈길이 가는 그림 앞에서는 셋이 한 마디씩 그림 감상평을 한다.

　솟대는 외간에 나간 가족을 기다리는 망부석, 초가집과 바다는 정겨운 고향의 풍경, 녹회색의 해는 찌든 세월, 그 속에 귀소성의 기러기가 날개를 펴고 있다. 권옥연 화백의 그림 앞에서 펴본 우리들의 이야기이다.

　남관 화백의 퇴색한 청회색 그림을 보면 어슴푸레한 추억과 향수가 살아난다.

　세필화로 시작한 김기창 화백의 자서전을 그린 방대한 전시장의 그림. 그의 마지막 작품은 검은 점 한 덩이로 단순해졌다. 아, 마지막은 점이다. 우리의 마지막도 간소하게 그리고 아름답게 비우는 것이다.

불운의 조각가 권진규의 군살 없는 테라코타 군상들의 몸에선 침묵의 향내가 난다.

샤갈의 마을에 있는 청색 지붕의 유대교 회당은 고향의 상징으로 화폭 저 먼 곳에서 희미하게 등장한다. 화면 상단을 가로질러 여인 누드가 하늘에 뜬 채 옆으로 누워 등을 보이는 「비테브스크 위의 누드」란 환상적인 그림 속 먼 곳에도 유대교 회당이 보인다.

그림 왼편에 신부 드레스 차림의 여인에게 수줍게 꽃다발을 전하는 애인, 오른쪽에는 강렬한 두 남녀의 상이 붙어 있다. 주인공 화가는 나의 손이 그림을 그리게 붓을 들게 해달라고 노래한다.

책 옆에 검은 장갑을 낀 손, 「검은 장갑」에도 검게 짙은 하늘을 향해 멀리 작은 유대교 회당이 보인다. 「환상 교향곡」의 고정관념 멜로디처럼 고향의 먼 자리에는 유대교 회당이 반드시 작게 있다. 샤갈은 성경을 제2의 자연이라 했다.

시간을 초현실적으로 그린 살바도르 달리, 흐느끼는 시계의 눈물을 처음 보았다.

김창열 화백이 가랑잎 위에 영롱한 물방울 한 개를 그려 선물로 주었단다. 물방울이 구를 것 같아 그림을 손안에 쥐고 이리저리 움직여 보며 감상을 한다는 노음악가 부인의 이야기에 마주 보며 웃었다.

개인적으로 흠모하는 장욱진 화백의 그림을 보면 나의 마음이 비워지고, 아니 나의 마음에 그의 그림 가족들인 나무, 해, 달, 까치, 닭, 소, 강아지, 도인, 벌거벗은 아이들이 들어와 살게 하고프다. 나의 삶이 이처럼 심플 할 수 있을까?

날 색과 익은 색은 S 화백에게 배운 말이다. 오늘도 익은 그림을 찾아 걷는다.

날 글을 쓰다가 익은 글은 언제 써질까?

음악이 있는 말

　푸치니가 작곡한 오페라 『잔니 스키키』 중 「오, 나의 사랑하는 아버지」 선율을 조용히 따라가다 보면 말 없는 하루의 소망을 꿈꾸고 싶어진다.
　음악회에서 아름다운 음악 속에 몰입해 하나가 되었다 깨어나는 순간, 넓은 뮤직홀에 나 혼자 앉아 있는 줄 알고 소스라치게 놀라며 긴 꿈에서 깬 느낌을 받은 적이 있다. 어느 것이 나를 이토록 무아지경에 몰아넣어 줄 수 있을까?
　음악은 곡으로 된 언어로 고독하게, 즐겁게, 슬퍼하게, 그러나 격이 낮지 않게 속삭여준다. 나의 말이 조금만 더 음악다워진다면…. 말을 할 때마다 배경음악을 내면에서 꺼내어 연주하는 상상도 해본다. 이 상상을 더 펼치면 나의 말들이 얼마나 변할 수 있을지 모르겠다. 알고 있는 노래 가족이 넉넉하지 못해 초대받는 음악이 적을까 걱정이다.

　말을 하고 싶지 않을 때는 사람을 피해 브람스의 음악, 저음악기의 연주, 비극 오페라 주인공의 아리아를 들으며 고독의 늪에 빠져 이것을 극치 삼아 즐기고 싶다.

마음이 맞는 친구와 신을 찾는 이야기나 가슴이 뜨거워지는 신앙고백을 들을 때 브루흐의 「콜 니드라이」, 바흐의 「마태 수난곡」, 세자르 프랑크의 종교 음악이 듣고 싶어진다.

때로는 허물없는 사이에 수다스러운 이야기를 하면서 요한 스트라우스 2세의 「봄의 소리 왈츠」나 「피치카토 폴카」를 듣고 싶다.

피아노 치기를 달가워하지 않는 어린 큰아들에게 음악과의 대화를 열어주기 위해 아름다운 피아노 명곡 소품들을 레코드로 들려주었다. 슈만의 「트로이메라이」를 들려주고 제목을 말해보라고 했다. 선다형으로 왈츠, 꿈, 은파 중에서 어느 곡명이 가장 잘 어울리냐고 물었다. 꿈이라고 정답을 말해 음악을 들을 줄 안다고 칭찬을 아끼지 않았다. 피아노를 치다가 마음에 드는 부분이 나오면 엄마를 부르고 이 부분이 참 좋다고 평을 한다. 스스로 즐기며 연주를 하다니….

어느 날 아들은 피아노 앞으로 오라고 하더니, 다장조 마스터 정도인 엄마의 피아노 솜씨를 아는지 조 기호가 붙지 않은 곡을 엄마에게는 멜로디를, 자신은 반주를 치겠다고 제안했다. 몇 번을 반복하여 치고서 간신히 연탄곡 호흡이 맞았다. 아들과 균형이 맞는 세련된 솜씨는 아니지만 작은 음악을 만들었다. 어린 손이 만드는 동화 같은 음악 속으로 들어가 나도 덩달아 작아지면서 아이들과 같아지는 환상에 빠져들고 있었다.

내년쯤에는 형제의 미숙한 피아노 이중주곡을 들을 수 있지 않을까 꿈을 꾼다.

며칠 전 내가 부주의하여 방 안에 들여놓은 바이올렛 화분을 엎었다. 뿌리가 뽑히고 잎이 다쳐 내버리고 싶은 마음이었다. 아이들은 모여들었다.

"우리 이거 전부 살리자."

나의 격정 일던 부끄러운 마음을 조용히 가라앉혀 주었다. 쏟아진 흙을 담아 뿌리를 묻어주었다. 돕고 있는 앙증맞은 아이들의 모습 속에서「봄의 소리 왈츠」「강아지 왈츠」, 모차르트의 사랑스러운 소품들이 흘러나오고 있었다.

수개월 전 미국 연수 중에 나의 산 날 중 가장 말을 적게 한 통계가 집계되었다. 적게 한 것보다는 오히려 말을 못 했다는 표현이 적절하다. 한마디의 말을 위해 입속에서 몇 번씩 예행연습을 하지 않았던가? 말하기 전에 세 번 생각하라는 성현의 말씀을 그래도 비슷하게 실천해본 유일한 기회가 된 것 같다. 다변가이고 동적이며 분주한 그들의 표정과 다른 나의 모습에 억지로 그 모습을 빌려다 분장을 해보았다.

에티오피아 공주 아이다는 적국 이집트에 잡혀 와 왕궁에서 노예 생활을 했다. 이집트의 라마메스 장군은 결혼을 약속한 암네리스 공주가 있는데 적국의 아이다 공주를 남모르게 사랑하게 된다.

> 거룩한 아이다, 신성한 그 모습 / 빛과 꽃의 신비스런 화관이며 / 그대는 내 생각을 관장하는 여왕 / 그대는 내 목숨의 눈부신 빛

「정결한 아이다」를 노래하는 장군의 사랑 어린 표정을 내 얼굴에 그리면서 말을 구사했다.

빛나는 나의 모국어를 사랑하고 또 나의 말을 아름답게 담아보려면….

마지막 12월에 바칠 음악이 있는 말을 준비하는 꿈을 오늘 꾸어보고 싶다.

4부

꽃의 숨결

다리야
미루나무
'사쿠라'
봄의 소리
꽃밭
마른 꽃다발
난초 앞에서
꽃밭에서
봄날
꽃이 피는 소리

다리야

　현충원, 서교동 골목, 홍대 운동장, 한강 변을 따라 거침없이 걷던 일이 불쑥불쑥 떠오른다. 방배동 안과 개업 시절 처음에는 친구의 안내로 현충원에서 걷기 시작했다. 시간이 지나며 혼자서 점심시간에 한 시간씩 걸으면서 자연과 이야기꽃을 피우게 되었다. 현충원 꾸밈이 나무들의 사철 변신하는 이야기, 봄을 처음 알리는 노랑 개나리꽃의 인사, 훌쩍한 가지 위에 피어 있는 환한 목련화, 봄이면 하늘을 분홍빛으로 칠하고 나중에 분홍 꽃비를 내리는 벚꽃들. 그 수양 벚꽃의 늘어진 가지의 수려함에 내 눈은 온통 분홍빛이 되고 말았다. 키가 큰 나무들 밑에 보이는 자디잔 냉이, 제비꽃, 민들레, 씀바귀, 금낭화, 모란, 구절초들도 봄부터 가을까지 제자리를 지켜주어 내 눈을 예쁜 꽃자리로 끌어갔다.
　눈만 바쁘지 않고 고음과 저음의 화음으로 카잘스에게 피스(평화)라는 가사를 들려준 카탈루냐의 민요인 「새들의 노래」, 여름에 방문하는 매미들의 연약한 발성 연습에서 점차 세차고 절도 있는 같은 선율로 노래하는 유니송 합창도 감상했다. 가을에는 은행나무들이 노란 하늘과 노란 길로 노란 세상을 만든다. 환자만 보던 진료실과 다른, 외계로 순간 나들이를 했다. 자연 속에서 잠시 머리를 씻고 눈 아픈 사람과 만나러 되돌아섰다.

개업을 접고 집 근처 다른 안과 의원으로 취직한 다음에는 퇴근 후 집 주위 서교동 골목을 따라 걸었다. 낮에 다니지 못한 동네의 밤 풍경은 낯설었다. 동네가 주택단지인데 어느 날부터 구석구석 작은 가게들이 생겼다. 예쁜 가게들이 시선을 끌었다. 인테리어 업자들의 바쁜 손길이 느껴졌다. 카메라를 들고 아름다운 진열장의 사진도 찍었다. 조용한 주택가를 찾아 수십 년 전에 이사 왔는데 동네가 변하고 있었다.

동네를 순회하고 밤에 빈자리가 생기는 홍대로 가서 널찍하게 열린 운동장을 걸었다. 야간 수업이 있는 창문으로 빛이 새어 나올 뿐 낮의 분주하던 젊은이들의 발자취는 보이지 않는다. 계단식 시멘트 의자를 보면 젊은이들의 함성이 들려오는 듯하다. 산만하지 않아 걷기에 집중력이 생겼다. 다리는 밤을 모르고 걷고 있다.

한강 변으로 행로를 바꾸었다. 한강을 따라가면 불빛을 반사하는 대교와 만난다. 강둑에 삐죽삐죽 자란 파란 갈대가 어둠 속에 흔들리며 계절을 알린다. 물결치는 강물을 바라보면 6.25 전쟁 1.4 후퇴 때 한강 다리가 끊어져 나룻배로 피난민을 날라주던 고마운 뱃사공이 떠오른다. 출렁이는 물결 위로 포화 3년간 서울의 눈물이 방울처럼 어린다.

내 두 다리는 나를 데리고 나들이를 잘했다. 아프지 않았다. 배나 머리 아픈 병 말고 다리도 아플 수 있는데 여태 다리는 아프다고 보채지 않았다.

다리는 시간마다 길에서, 공간에서 나를 잘 실어 나르고 있었다. 서 있을 때 버티는 일도 잘했다. 서서 작업을 할 때나 의자에 앉아 있을 때도, 다리는 내가 모르게 계속 일을 했다. 멀리 떨어진 다리와 난 모르는 듯 지냈다.

다리가 일하는 동안 병이 올 것을 생각하지 못했다. 어제와 같이 걸었을 뿐이다. 갑자기 없던 일이 생겼다.

두 해 전부터 몇십 분 걸으면 우측 엉덩이에서 다리까지 통증이 밀려왔다. 몸의 기둥이 살살 삭고 있었다. 척추 주사를 맞아도 완치는 안 되고 남는 아픔은 인내하며 걸었다. 늙는 병은 아픔을 끝까지 버리지 못하고 감량한 채 끌고 간다.

내 앞에 걸어가는 많은 사람의 걸음걸이가 내 눈에 집중되어 들어오기 시작했다. 사람의 자연스러운 보행이 아닌, 눈에 띄지 않는 좁은 보폭의 종종걸음, 좌우 균형이 맞지 않는 절름대는 걸음, 지팡이에 의지하는 걸음, 궁둥이를 뒤로 내민 채 걷는 걸음, 허리가 반으로 접힌 사람들의 걸음. 문득 이들이 익숙한 듯 내 눈에 들어왔다.

5월부터 아파트의 엘리베이터 교체 공사가 시작되었다. 한 달 가까이 3층 아파트 계단을 걸어 올라다녔다. 어느 날 갑자기 왼쪽 다리가 아프고, 계단 내려가기는 가능한데 올라갈 수가 없었다.

계단 난간을 꼭 잡고 힘을 얻어 왼발을, 오른발이 짚고 있는 위 계단을 밟지 못하고 오른발 옆에 대고 있었다. 왼쪽 다리는 혼자 올라가는 힘을 잃었다. 계단 난간의 도움을 이처럼 감사한 적이 있을까? 아프지 않던 왼쪽 다리의 통증으로 척추 주사를 또 맞았다.

금방 아픔이 가시지 않는다. 이곳저곳 옮겨 다니며 아픔이 씨앗을 뿌린다. 아픔이 전성기(?)를 맞았다. 아픔과 대면하며 살고 있다. 아픔을 이기는 굳은살이 생길 수 있을까?

손가락 관절염으로 손에 나무 지지대를 대고서 캔버스 위에 그림을 그리는 르누아르의 사진이 떠오른다. 아픔을 느끼면 살아 있는 것이다. 아픔에 감사하자. 내 다리는 지금 어디로 나들이를 하고 싶은지…. 마무리 아픔은 몸의 유언이랄까?

미루나무

　가을에 감이 노랗게 익어갈 때면 의사의 얼굴도 노래진다고 했다. 가을 추수기에는 곡식과 과일의 먹거리가 넉넉해, 병원을 찾는 발길이 뜸해지기 때문이다. 의사의 얼굴이 익은 감의 색깔을 닮을 수밖에 없다.
　한산한 틈을 타서 병원 창문 너머로 빌딩 길을 따라가는 가을 숲을 바라보았다. 갈색 나뭇잎이 바람에 발도 없이 달음질을 치고 있었다. 떨어질 때는 갈색 수의를 입는다. 누울 자리도 제집에서 떨어져 찾는다. 혼자 가지 않고 여럿이 같이 간다. 동행하면 외롭지 않을까?

　가을이 더 깊어지면 현충원의 은행나무 잎이 깔린 노란 산책길을 방문하고 싶다. 방배동에서 안과 의원을 개업하고 이십여 년간 점심시간마다 한 시간씩 현충원에 가서 산책을 즐기곤 했다. 사철의 변화 따라 들풀과 하늘을 가리는 무성한 나무들이 똑바로 서서 잠을 자며 살아가는 모습을 보고, 쨕쨕 새들과 매엠맴 매미의 단순한 가사로 작곡된 노래를 들으며 해맑은 공기 같은 자연과 친해졌다. 때가 되면 항상 그곳에서 싹이 나오고 있었다. 나를 기다리고 있었다.

노란 길은 다른 곳에서 본 적이 없다. 꽃을 들고 있는 여인 옆에 흰 강아지가 그려진 천경자 화백의 「노오란 산책길」이 생각난다. 그 길에는 노란 삶이 가득했다. 노란 오늘의 선물이 있었다.

또 하나의 어린 시절 나무가 떠오른다. 6·25 전쟁 시기인 아홉 살 때이다. 피난지 충청도 예산 신례원초등학교에 다니며 널찍한 신작로 어딘가에서 보았던 미루나무. 쭉 뻗은 길 위에 가지런하게 서 있던 미루나무는 모네가 1891년 그린 「미루나무 연작」을 책에서 발견한 시기에 되살아났다. 유년기에 머리에 심어진 미루나무는 오십여 년 후에 산뜻한 바람에 이파리를 흔들며 아련한 모습으로 나타났다.

즐겨 걷던 한강 둑길을 따라가다 새로 이사 온 미루나무를 보고 놀랐다. 미루나무는 시골 외로운 신작로에서 처음 만난 향수의 나무이다. 둥글리다 그만둔 삼각형 이파리가 바람에 팔랑거리고 있었다. 몇 번이고 이파리와 곧은줄기를 확인해 봤다. 어린 눈 안에 가득 담겼던 미루나무였다. 나는 그 자리에서 어려지고 있었다. 미루나무를 따라 끝없이 걸어보고 싶었다.

미루나무가 나의 어린 말을 알아들을까? 키가 큰 나무가 "내가 미루나무야." 소곤대고 있었다. 그 옆에 작은 소녀가 "영자야"

어린 내 이름을 부르며 종종 따라오고 있었다. 나는 어린 나를 데리고 왔다. 나는 미루나무가 그리울 뿐이었다. 지금 이 나무를 만지며 그날을 느끼고 싶었다. 이 순간 끝까지, 미루나무 옆에서 어린 채로 커지고 싶지 않았다.

미루나무 꿈에 빠져 있을 때 단발머리에 꽃핀을 꽂은 귀여운 여자 어린아이가 들어왔다. 눈썹이 찔려서 왔다고 한다. 환자 기록부에 지난날 눈썹 뽑은 기록이 있었다. 세극등현미경 앞에 아이를 앉히고 찔리는 눈썹을 뽑는 일이 수월하지만은 않다. 공포에 질린 아이들은 울기 마련이다. 갖은 말로 달래보다 우는 일이 반복되면 침대에 눕혀 얼굴과 몸을 잡고, 우는 소리를 반주 삼아 작은 눈썹을 한 올씩 가슴 아프게 뽑는다. 연한 울음소리가 마음속으로 파고들 때마다 이 기억이 아이의 머리에 오래 남지 않기를 바란다.

예쁜 예림이를 울리고 싶지 않았다. 현미경 앞에 앉았다. 살살 구슬렸다.

"눈썹이 찌르는 것이 좋으니, 뽑아서 아프지 않을 때가 좋으니?"

"그냥 있는 게 좋아요."

"기계 앞에서 뽑으면 잘 보여서 조금만 뽑아도 되는데 그냥 두면 눈이 아프지?"

연약한 눈썹을 하나 살살 뽑았다.

"움직이지 않고 잘 참네. 안 아프지?"
이어서 하나씩 뽑는데 잘 참았다. 끝까지 잘 뽑았다. 어린아이의 참을성이 순간의 긴장을 풀어주었다. 아이들도 어른에게 위로를 안겨준다. 흠뻑 안아주고 싶었다. 두려움을 참는 모습이 아니라 기계 보는 놀이를 하고 있었다.
"잘했어. 아이 예뻐라, 노래 한번 해볼까?"
"저 이런 노래 잘해요."

미루나무 꼭대기에 조각구름 걸려 있네.
솔바람이 몰고 와서 살짝 걸쳐놓고 갔어요.

첫마디가 청아하게 시작되자 나도 따라 불렀다. 마냥 어린아이가 되어 이중창을 함께 불렀다. 돌아가는 예림이의 등에 미루나무 단풍 빛 햇살이 물들고 있었다.

사쿠라

　장 피에르 랑팔의 플루트 CD를 사서 듣다가 놀랐다. 대여섯 살 때 일본말 가사로 흥얼대던 노래를 플루트 연주로 들었기 때문이다. 유년기 이후 한 번도 그 곡을 들은 일이 없다. CD를 플레이어에서 꺼내 곡명을 찾았다.
　「Sakura」라고 쓰여 있었다. 가사가 '사쿠라 사쿠라'로 시작되는 곡이다. 어렸을 때 추억을 사뿐히 가져온 노래다. 다양한 나이의 아이들과 모여 놀며 길거리 교실에서 배운 노래이다. 사쿠라 노래에 맞추어 율동 놀이를 했다. 이 노래가 일본 노래라든지, 그때 우리나라가 일본의 지배 속에 있었다는 것도 모르는 나이었다. 우리나라가 해방된 지 얼마 안 된 후니까 이 노래가 불릴 만하다고 이해할 수도 없었다. 친구들과 천진하게 놀며 따라 부르던 노래였고 가사 말이 우리말과 다르다고 의심하지도 못했다. 아무도 말리지 않았다. 그 후 반백 년이 지나 CD로 처음 듣는 곡이다. 노래를 들으며 내 몸은 점점 작아지고 유아가 되어갔다.

어린 시절 동네에는 고만고만한 회색 기와집이 길 양쪽에 줄줄이 붙어 있었다. 내리막길 끄트머리 근처에는 '행남 약방'이 있었고, 열린 문으로 보이는 천장에는 커다란 약 봉투가 주렁주렁 매달려 있었다. 한지의 흰색 약 봉투가 궁금했다. 하나씩 풀어보고 싶었다. 어린아이 키에 비해 높은 곳에 매달려 있는 모습 자체가 눈길을 끌었다.

앞집에 사는 마음 좋은 천순 언니는 나를 잘 업어주었다. 첫딸이라 언니가 없어 업힐 일이 많지 않았다. 남들이 언니란 말을 쓸 때 부러웠다. 지금은 어느 곳에 살고 있을까?

뛰어다니다 넘어져 무릎에 상처가 생기고 피가 흘렀다. 약을 바르고 싶었다. 동생이 먹고 남은, 엄마가 사발에 짜놓은 젖이 보였다. 아픈 곳에 찍어 발랐다. 내 처방(?)의 젖약은 그럭저럭 쓸 만했나 보다. 잘 나았다.

엄마가 어디 가시면서 집을 잘 보라고 하셨다. 동네 친구들과 밖에 나가 놀다가 마당의 놋대야를 도둑맞았다. 그날 꾸중을 들었다. 일본은 놋제품을 수집하여 무기 제작에 썼다.

벼를 본 일이 없어 쌀 나무 심는다고 동생과 함께 하얀 쌀을 한 움큼 집어 광에 들어가 땅을 파고 심은 일도 있다. 물을 주며 잘 키웠는지는 기억에 없다.

국경일인지 꽃 전차가 지나가는 날이 있었다. 누군가 "꽃 전차가 지나간다.!"라고 소리 지르면 아이들은 급하게 한길로 달려나갔다. 치장한 전차가 보이지 않을 때까지 바라보았다.

그 집에서 이사 가기 전 마지막 날이었다. 왜 그랬는지 모른다. 할머니와 함께 자면서 잠들기 전까지 알고 있는 노래는 모두 부른 것 같다. 분명 사쿠라 노래도 부르지 않았을까? 여섯 살에 그 집에서 이사한 후 사쿠라 노래를 부르는 아이들은 다시 만나지 못했다.

사쿠라 노래는 CD를 듣고 무의식에서 솟아올랐다. 어느 날 마침 일본인 할머니가 환자로 왔다. 랑팔의 CD를 틀어 사쿠라 노래를 들려주었다.
"이 노래가 어느 나이에 많이 불리던 노래인가요?"
"초등학교에서 부르던 민요예요."
가사를 써서 번역해 달라고 했다.

> 3월의 하늘은 보는 곳마다 / 안개인가 구름인가 향기 피어오르네
> 가자꾸나 가자꾸나 / 보러 가지 않겠니

할머니는 6·25 전쟁 전에 결혼했고 그 후 친정길이 멀어졌다고 힘없이 말했다. 일본 할머니는 사쿠라 노래처럼 분홍빛 화사한 삶을 살지는 못한 것 같다.

5년 전에 마다가스카르를 방문했다. 여러 곳을 거쳐 그날은 고아원을 방문한 날이었다. 초등학교 아이들이 마당에서 옹기종

기 모여 춤을 추며 노래를 부르고 있었다. 귀에 익은 「아비뇽의 다리 위에서」라는 곡이었다. 속으로 가락을 따라 불렀다. 이 노래는 양치기들이 원을 그리며 춤을 출 때 부르던 곡으로 널리 애창되는 프랑스의 민요이다. 론강 위를 지나는 아비뇽의 다리는 1669년 강물이 범람하여 한쪽이 쓸려 내려간 후 복구되지 않아 지금까지 건너지 못하는 끊어진 다리가 되었다. 「아비뇽의 다리 위에서」 노래가 널리 애창되며 아비뇽의 다리는 그곳의 명소가 되었다. 우리나라에만 「사쿠라」 노래가 있는 게 아닌가 보다.

마다가스카르도 프랑스의 침략을 받아 1897년부터 식민지로 있다가 1960년에야 비로소 독립된 나라이다. 수년간 그곳에서 지내신, 우리를 초청한 교수님의 이야기를 들었다.
"프랑스는 식민 통치를 하며 초등학교 수업 시간에 운동을 시키지 않았어요. 아이들의 힘이 강해진다고, 그래서 학교에는 운동장이 없어요."
처음 듣는 식민 통치의 잔인성에 가슴이 아팠다.
"주인님, 안녕하세요?"
"내가 왜 주인입니까?"
"프랑스는 자신들을 주인이라고 가르쳤어요."
"당신들이 이 나라의 주인이고 나는 손님입니다."
첫 강의 시간에 학생들의 생소한 인사를 받고 놀랐다고 했다. 당황한 한국인 김창주 교수는 그들에게 진실을 말해주었다.

올봄 벚꽃이 화창한 현충원을 방문할 때까지도 사쿠라 노래는 다시 떠오르지 않았다. 그 후 벚꽃이 다 떨어져 갈 무렵 문득 사쿠라 노래가 또 떠올랐다. 인터넷을 뒤졌다. 우리나라의 가야금 악기 비슷한 '고도'와 두 줄로 된 '샤미센'이라는 일본 전통악기로 사쿠라 연주를 들었다. '고도' 반주로 성악곡도 들었다. 화사하게 구름처럼 피어 있는 벚꽃을 잔잔한 정서로 차분하게 연주했다. 유아기에 부르던 사쿠라 노래를 난 그때처럼 잘 부를 수 있을까?

봄의 소리

봄이 나를 보고 있을까? 한강을 끼고 걷기 시작하니 길가 풀밭에는 연둣빛 잎을 헤치고 작은 보랏빛 들꽃들이 상긋하게 웃고 있었다. 일찍 피는 봄 풀꽃은 꽃송이들이 작다. 걸음을 멈추고 허리를 구부려 가까이 들여다보았다.

겨울의 누런 풀밭엔 시선을 주지 않았었다, 눈길을 주위로 돌리기보다 내 안으로 향해 사색하며 걷게 했다. 들꽃들은 한동안 잊혔다.

봄의 들꽃들이 눈을 번쩍 뜨게 했다. 자꾸 눈을 맞추고 싶어 힐끔힐끔 곁눈질하며 걸었다. 눈길이 갈 때마다 들꽃들은 작은 숨소리를 낸다. 지금 들꽃을 마주 보며 숨을 함께 쉬는 이 순간이 뿌듯하다. 살아 있는 모습이 사랑스럽다. 봄에는 너와 나의 말을 하자. 우리는 살아 있다고….

강둑 위로는 지난해 파랗게 살던 갈대들이 누런 몸으로 꼿꼿이 서 있다. 묵은 갈대가 새로 자라는 연두색 아기 갈대를 감싸주고 있다. 봄의 풀밭에는 여러 세대가 모여 산다.

누런 갈대들이 묵은 이삭을 달고 두런거리며 강 너머를 바라보고 있다. 강가의 들풀들은 자신의 모습을 초록으로 빛내며 봄을 살고 있다.

오르막길에 서 있는 벚나무는 이미 벚꽃이 다 떨어졌다. 그 옆에 분홍빛 다른 꽃이 연두색 나뭇잎 사이에 숨어 수줍게 피어 있었다. 화려하진 않아도 그냥 스치기에 아까웠다. 스마트폰을 꺼내 분홍 꽃잎을 찾아 사진을 찍고 있을 때였다. 두 중년 여인이 내 곁으로 왔다.
"여기 앵두꽃 좀 보세요."
"아녜요. 이 나무는 모과나무고 내가 십 년 전에 모종을 심었어요. 저 아래 나무와 함께 두 그루를 심었는데 이렇게 컸어요."
꽃 이름이 궁금하던 중 그 나무를 심었다는 사람을 만났다.
'모과나무, 2009년'이라고 팻말을 붙이고 싶었다. 이 나무 옆을 지날 때마다 두 아주머니의 모습이 떠오를 것 같다. 올가을에는 모과 열매가 달리려나 벌써 기다려진다. 이 봄에 나도 어딘가에 내 나무를 심고 싶다.

강가 들판에 텐트 치고 있는 젊은이들의 모습에도 봄은 왔다. 뜨문뜨문 놓여 있는 벤치에 앉아 쉬고 있는 노인들이 지나간 시간을 내다보고 있다. 시간의 뒷모습이 긴 그림자를 그리고 있다. 아픈 시간도 그리운 시간도 있었다. 그 속에는 많은 봄이 머리를 숙이고 있었다.

작지 않은 짐가방을 벤치 앞에 놓고 잠든, 집 없는 나그네의 잠자리가 추워 보이지 않았다. 단꿈에 빠져 있나 보다.

애완견을 몰고 나오는 동물애호가, 말없이 걸어가는 무덤덤하고 늙수그레한 부부, 얼굴을 옆으로 돌리고 이야기에 빠져 걷고 있는 부부, 아기를 유모차에 태우고 밀고 가는 젊은 아빠, 뒤따라오는 아들과 자전거 타기를 즐기는 아빠, 달리며 젊음의 열기를 풍기는 경주 선수….

들판에 들꽃만 핀 것이 아니고 지나는 사람들도 아기자기하게 봄꽃이 되고 있었다.

문득 프랑스의 신인상주의 화가 조르주 피에르 쇠라의 「그랑드 자트 섬의 일요일 오후」 그림이 떠올랐다. 백삼십여 년이 지난 그림이다. 강가에 나온 사람들이 하루를 휴식하기 위해서일까? 간편한 옷차림이 아닌 양산과 지팡이를 갖추고 모자를 쓴 남녀가 단정한 정장 차림새들이다.

우산이 흔하지 않은 때가 있었다. 1851년 영국에서 열린 만국박람회에 속이 빈 강철튜브로 만든 우산이 출품되면서 널리 퍼지게 되었다고 한다. 당시 유행한 우산이나 양산은 자랑하고 싶은 장신구가 되었다. 지팡이는 신사의 필수 장식품이었다. 그림 속의 관중은 흰 배가 떠다니는 강 풍경을 보기 위해 야외 미술관에 입장한 관람객(?) 같다. 정장으로 예의를 갖추고 신이 그린 아름다운 자연을 감상하고 있다. 눈앞에 묵묵히 서 있는 그림 속 사람들은 봄 인사를 무어라 했을까?

웬만큼 걷고 다리 힘을 아껴 집을 향해 뒤돌아섰다. 걷다 보니 건너편 한갓진 길에 트럼펫 연주가 두 명이 음을 조율하고 있었다. 지금껏 아름다운 풍경을 보았는데 귀까지 열어준다. 주홍빛 노을이 하늘을 가득히 물들이고 그 빛이 강물에 결 따라 번지고 있다. 주홍빛 강물 저 멀리까지 「어메이징 그레이스」의 아련한 트럼펫 음률이 퍼지는 상상을 했다.

봄이 준 주홍빛 소리다.

꽃밭

∞

　잔디가 없어 갈색의 맨흙을 드러낸 4월의 빈 화단이 보채고 있다. 4월 첫 일요일부터 매주 일요일 오후마다 한 달간 꽃모종을 사러 양재동 꽃시장을 드나들었다. 꽃판은 차곡차곡 올려 쌓을 수가 없어 한 번에 차에 실을 수 있는 양이 적다. 하루에 두 번씩 꽃시장을 다녀오는 때도 있다. 서울의 언저리 꽃시장까지 다녀오려면 하루가 짧다.

　꽃시장에 가면 어린 자녀들을 데리고 꽃놀이 나온 가족의 한가로운 모습을 자주 볼 수 있다. 우리처럼 부부가 온 집, 카메라를 들고 촬영 나와 꽃 속의 어린이를 찍는 사람들도 심심찮게 보인다. 꽃이 좋아 꽃을 찾는 사람들의 얼굴이 예쁜 봄으로 가득 찬다. 어디서도 언짢은 큰소리 한마디 들리지 않는다. 급한 발걸음도 보이지 않는다. 세일 물건 사러 온 고객같이 부산스러운 사람의 행렬도 보이지 않는다. 꽃들과 마주치면 눈빛이 고와지고 얼굴이 환해지며 화분에 모종을 심는 손길도 부드러워진다. 얼굴마다 꽃물이 든다.

올봄 꽃밭의 꾸밈새를 생각할 틈도 없이 꽃시장으로 왔다. 시장을 돌며 봄꽃의 색은 연분홍으로 하고 아프리카봉선화를 소재로 정했다. 이 꽃은 봄부터 서리 오기 전까지 장수하는 꽃으로 매우 아름다워 해마다 심는다. 집으로 이사 온 모종 꽃을 우선 꽃밭 둘레에 있는 감나무와 대추나무 아래에 반원형으로 심었다. 네 곳의 장미 무더기 주위에도 목걸이 걸듯 두 줄이나 세 줄로 심었다. 산뜻한 분홍빛 꽃밭이 되었다. 그래도 꽃밭이 심심해 걸이 화분에 진분홍 아프리카봉선화를 심어 화단으로 향한 벽 세 곳에 걸고 감나무, 대추나무, 향나무 가지에도 세 개의 같은 화분을 거니 제법 아기자기해졌다.

대문을 열자마자 보이는 꽃밭에는 흰 마거릿, 빨간 베고니아를 두 줄씩 심고 이어서 가지, 오이, 고추, 방울토마토 등 채소를 심었다. 딸기와 꽈리는 해마다 싹이 잘 나와 수월하다. 현관으로 들어오는 마당을 따라 왼쪽 꽃밭 주변에는 분홍 겹철쭉이, 오른쪽 꽃밭에는 주홍빛 산당화와 흰 철쭉이 핀다. 고목같이 마른 줄기에서 능소화 잎은 뾰족뾰족 나와 담을 타고, 꽃을 피운 라일락은 향기를 날리고 있다.

꽃밭이라기엔 서운한 자리에 토분을 놓고 노랑, 주홍, 빨간 꽃의 한련화, 채송화, 베고니아 등을 심었다. 돌로 만든 수반인 물확에는 부레옥잠을 띄웠는데, 그 주변에서는 패랭이와 나리가 겨울잠을 자고 나왔다.

빈자리에 야생화를 심은 지 몇 년이 되었다. 새우란, 둥굴레,

제비꽃, 돌나물, 까치수염, 민들레, 금낭화, 메꽃, 구절초, 천남성, 미국 제비꽃, 앵초, 매발톱꽃, 원추리, 자주달개비….

들꽃은 화려하지 않아도 집 안에 들판을 소유한 한가로운 환상에 젖게 한다. 작년에 피었던 봉선화, 나팔꽃, 분꽃, 과꽃에서 떨어진 씨앗의 새싹이 분주하게 솟아오르고 있다. 이들은 함박꽃, 접시꽃들과 함께 은근한 멋이 있는 우리의 토종 꽃들이라 푸근한 정이 간다.

어린 시절 추억이 묻은 묵은 꽃들이다. 이 봄 우리 집에 오는 손님에게 어린싹을 선물로 나누어 주고 싶다. 직장인은 꽃모종을 사다 심는 것도 큰일이다. 대개는 모종을 심다 보면 날이 어두워져 꽃밭에 불을 켜고 심기도 한다. 남은 모종판은 며칠씩 마당에 대기시켰다 심는다. 남편은 꽃 심을 자리의 흙을 파주고 내가 다 심고 나면 물을 준다. 꽃모종을 심으면서 꽃의 자리와 색깔이 서로 화목한가, 몇 번씩 가늠 질을 하게 된다. 아침에 일어나 꽃밭에 나오면 정갈스러운 기운이 흐르고 꽃들은 싱싱한 색깔로 웃는다. 풀과 나무의 풋풋한 향기가 난다. 잡초를 뽑고 철쭉의 가지를 친다. 몰려나오는 싹을 옮겨 심고 쉽게 건조해지는 걸이 화분에 물을 챙겨준다. 옆에 있는 자그마한 제비꽃 자리를 그늘로 위협하며 거대하게 퍼지는 옥잠화 잎을 자르면서 사람 사는 일과 같아 혼자 웃는다.

한낮의 꽃밭은 일요일에나 볼 수 있다. 흰 나비 한 쌍이 어디에선가 날아들어 꽃 위를 날고 조그만 회색 나비도 팔랑거린다. 고요한 꽃밭에 참새가 날아와 물확에 앉아 갈증을 풀고 있다. 꽃밭에 햇살이 하얗게 쏟아진다. 꽃과 이파리들이 축축 늘어졌다. 꽃들은 한낮에 피곤하다. 꽃밭에 앉아 나도 졸고 싶다.

저녁의 꽃밭은 한여름이면 진분홍 분꽃이 활짝 피어 아침처럼 정갈해진다. 우리 집 꽃밭의 많은 꽃 중 세 가지 꽃에 '성깔과'라고 별명을 붙였다.

상사화는 봄이 되면 양지바른 곳에서 일찍 잎이 나와 4월이 지나면 무성해지고 5월 중순부터는 가장자리 잎이 늘어져 차차 사라지기 시작해 7월엔 잎이 전혀 보이지 않는다. 어느 날 갑자기 꽃대 하나가 우뚝 솟아 올라와 여러 개의 꽃송이에서 연분홍 꽃이 피기 시작한다. 잎과 꽃이 함께 동거하면 어때서, 잎을 훌훌 벗고 홀로 피는지 모르겠다.

능소화는 주홍빛의 통꽃으로 한여름에 여러 송이가 초록빛 잎 속에 피어 있으면 천국의 꽃 같다. 그런 이 꽃이 싱싱한 채로, 아니 꽃봉오리까지 낙화하는 습성이 있다. 비 오는 날은 마당이 주홍빛이다. 떨어진 꽃을 주워 줄기에 올려놓아 하루는 그런대로 본 후 버린다. 꽃이 크고 꽃잎도 든든한데 꽃대의 관절이 약한 뜻은 무엇일까?

물확에서 자라는 부레옥잠은 연보랏빛의 매우 환상적인 꽃이다. 아침에 꽃을 피우고 저녁에 퇴근하여 보면 얼굴을 물에 담그고 있는데 꽃대를 만져보면 빳빳한 채로 휘었다. 아마도 시들어서 취한 동작은 아닌 듯하다. 가을에는 며칠 더 꽃대가 서 있다가 휜다. 더위가 싫은가? 게으르면 꽃구경할 사이도 없다. 꽃이 피면 먼저 본 사람은 가족에게 환성을 올려 알려준다.

꽃밭을 들여다보면 꽃도 내 자식이 된다. 급한 일이 있는 날에는 꽃밭을 바라보면 안 된다. 눈길이 가고 손길이 가고 나를 **빼앗**긴다. 꽃밭에서 못 나온다. 꽃밭에 예쁜 꽃 다 심어보고 풀마저 아우른 꽃밭이 되는 때, 내가 가장 소박해지는 날이다. 장미 향기가 흐른다.

마른 꽃다발

∽

꽃 선물을 할 땐 대개 예쁜 꽃바구니와 생화 꽃다발을 준비한다. 지난봄 초등학교 친구인 섭이는 장미, 카네이션, 스타티스, 맨드라미와 연밥을 말려 바쁜 출근길에 내 병원에 놓고 갔다. 신문지에 두르르 말려 있는 것을 폈을 때 푸시시 일어나는 말린 꽃 먼지, 색 바랜 꽃들이 순간 궁상스럽고 지저분해 풀었던 것을 도로 싸서 내다 버리고, 파릇한 새싹이 오른 분홍빛 벚꽃과 빨강, 노랑 튤립으로 상큼한 봄날 아침을 꾸미고 싶은 유혹을 느꼈다.

섭이는 부천에서 방배동까지 출근길 만원 전철 안에서 마른 꽃다발이 부서지지 않게 조심스럽게 들고 와서 전해주고, 직장이 있는 과천까지 버스를 타고 헐레벌떡 돌아갔다. 꽃을 말린다고 몇 달 동안 벽에 매달아 곰팡이가 피지 않게 이리저리 뒤척이며 정성을 들였을 것이다.

섭이는 이 다른 소재로 내가 꽃 모양을 다듬을 줄 알고 갖고 왔다. 싸한 마른 꽃내음 속에 먼지를 날리며 백자 항아리에 파스텔색 스타티스 꽃을 꽂고, 북청색 항아리에는 분홍색이 퇴색해 적

갈색이 된 장미꽃을, 말려 검어진 연밥 두 대는 검은 꽃문양이 있는 목이 가늘고 긴 분청 항아리에 꽂았더니 제법 멋진 꽃꽂이 세 작품이 되었다.

말린 소재를 만질 때 버석거리는 소리와 펄럭이는 먼지, 퇴색한 꽃 빛깔을 보면서 젊음이 바랜 내 자신의 빛깔을 보는 듯했다. 이 마른 소재의 먼지까지도 사랑하리라. 섭이와 나의 우정도 마른 꽃의 빛깔이 되어 먼지를 내면서 끊이지 않고 인내로 이어왔다. 섭이는 오래된, 빛이 바랜 이야기를 잘 들려준다.

섭이의 부친은 한글학자로 6.25 전쟁 때 학살당했고 남자 형제들도 전부 병사하여 피해망상이 있는 노모와 단둘이 산다. 넓은 종중 땅도 있는데 유력한 종중 남자들이 차지했고 섭이는 몸에 밴 가난을 탓하지 않으며 살아가고 있다.

명절이 되어도 찾아오는 친척 없이 고독 속에 외롭게 살면서 넘치는 고통이 올 때 큰 분량은 기도하고 적은 아픔은 내게 전화한다. 여리고 착해 이악스러운 사람들에게 상처를 잘 받는다. 섭이의 고마운 친구 딸이 입시를 앞두고 있었다. 매주 꽃다발을 들고 교회에 가서 강단에 꽃을 꽂고 친구 딸을 위해 기원을 했다. 성탄절이 되면 병원에 와서 꽃꽂이를 해주고 갔다. 꽃시장에 왔다가 꽃이 싸서 샀다며 자투리 꽃을 놓고 가기도 했다. 섭이의 꽃은 항시 들풀같이 소박하고 화려하지 않다. 선물은 늘 꽃이다.

섭이에게 어느 날 기억상실과 말을 잘 못하는 무서운 병이 덮쳤다. 전화로 들려오는 더듬는 말소리에 나도 애가 탔다. 입원 소식에 병문안하러 갔더니 그동안 참았던 모든 슬픔이 잃어버린 말소리 대신 눈물로 변했다. 노모가 혼자 계신 집은 밖에서 잠그고 자신의 병은 알리지 않고 다른 말로 돌리고 왔다고 더듬는다.

도와줄 친척 없는 외로운 섭이, 이웃과 교회에서 노모를 돌보아 주었다. 병가로 휴양 중 참으로 오랜만에 집에서 모녀가 긴 시간을 함께 지내고 있다.

섭이는 이제야 글씨가 기억나서 간단한 책을 읽기 시작했다.

마른 꽃의 싸한 내음이 난다. 꽃 먼지가 난다. 바삭거리는 소리도 난다.

파스텔색 스타티스 꽃다발을 한 아름 들고 집을 나설 때 섭이는 행복하다.

난초 앞에서

　화분에 물 분무를 해주면 물바람에 은은하게 흙 향기가 안개처럼 핀다. 서울 태생이지만 언제나 흙내가 좋다. 길 가다 열린 꽃가게 문 사이로 새어 나오는 흙내가 좋아 킁킁거리며 맡기를 잘 한다. 또 이끼 낀 풍란 화분에서 향긋하게 날리는 흙내에도 숨을 깊게 들이마신다. 오늘 아침 창가에 있는 난초 화분 중에 조그마한 긴기아난 잎 사이에서 쌀알 크기만 한 꽃눈을 달고 꽃대가 삐죽이 올라와 있다. 착각은 아닐까? 가슴을 울렁이며 확인을 했다.

　5년 넘게 물을 줄 때마다 무슨 색깔, 어떤 모양의 꽃이 필까 무척 궁금하고 한편 야속도 했다. 무던히 기다린 마음에 인사로 꽃 소식을 알린 것인가? 근래에 아마도 내게 꽃 복이 내린 것 같다. 여름에 한 번 개화한 적아소심이 초겨울에도 개화하는 꽃 풍년 사태가 왔다. 꽃을 안 피우는 난초인 줄 알았던 한란이 물시중 6년 만에 개화하여 두 달여 수줍은 얼굴을 보이고 꽃잎을 말렸다. 서양란 심비디움도 올해 화려하고 예쁜 꽃을 피워 거실을 밝혔다.

거실에선 추위 꽃눈을 터트리지 못하고 오므린 채 시들던 열대식물 파피오페디룸을 안방에 들여놓자 주머니 모양의 꽃을 한 달여 피워주었다. 뒤를 이어 보세란이 처음으로 짙은 꽃향기를 피우며 당당한 꽃대에 16개의 자줏빛 꽃송이를 한창 피우고 있다.

　봄이 되면 해마리아, 풍란들이 첫 꽃을 피우기 시작한다. 여름에 노란 나비 모양의 꽃이 피는 온시디움에 이어 난들의 사철 릴레이식 개화로 조촐한 난초꽃 향연이 열린다.
　난초꽃이 피면 같이 보며 꽃 이야기가 닿는 친우가 옆에 있었으면 좋겠다. 아침잠에서 깨면 난초들의 문안부터 시작한다. 갑자기 한파가 왔던 몇 해 전 밤이 생각난다. 나의 첫 난초인 설란이 동사한 아픔을 겪었다. 밤새 난방이 없는 우리 집 거실은 추위에 제법 강인한 화초만이 살고 있다. 나는 따뜻한 옷으로 보온을 하고 내 몸에 닿는 한기가 편하다고 느낄 때 난초들은 맨몸인 것을 잊었다.

　꽃이 지고 떨어진 난초의 꽃대를 자르려면 아픔이 온다. 화려한 꽃을 애써 피우고 가는 난초 꽃잎의 뒷모습에 묻어 있는 몸살기가 측은해 보인다. 올겨울은 날씨 인심이 좋아선지 기검사계, 관음소심에서 입춘이 오기도 전에 뾰족한 새싹이 솟고 있다. 요즘 같은 겨울엔 두 주에 한 번씩 물시중을 하며 뜸하게 난과 대면해도 되련만 나는 괜스레 난을 자주 방문한다. 남몰래 살짝 꽃대가 나오고 새싹이 솟는 푸른 몸짓이 예쁘다. 고요한 약동이 경이롭다. 난들의 소리 없는 푸른 말씨는 고귀해서 나도 그 격을 닮고 싶다. 난들의 푸른 자태는 정갈스럽다. 베토벤의 「봄 소나타」를 난초에 들려주며 봄 아지랑이 가물대는 선율 속으로 같이 묻혀본다. 잎사귀에 맺힌 이슬 속에 햇살이 들어와 영롱하게 빛난다.

바라만 보아도 편해지는 녹색 위로가 있어 난과 더불어 내가 살고 있나 보다.

꽃밭에서

　화초가 짓무르도록 장맛비가 온다. 아기자기 피어나던 노란 메리골드가 뭉크러져 소금에 절인 배추같이 되었다. 꽃잎이 크고 연한 페츄니아도 모진 빗줄기 매질로 작은 구멍이 났다. 봉선화와 장미꽃 송이들은 꽃잎이 떨어져 정원에 꽃물을 들이고 있다. 장마가 끝나면 꽃밭을 다시 손질해야 한다. 장마에 견디지 못한 화초는 뽑아내고 싱싱한 꽃을 찾아 여름을 맞아야 할까 보다. 작년 봄에 심은 금잔디가 초록색을 아껴 애를 태우고 있다. 잡초도 열심히 뽑아주고 비료도 잘 주었는데 푸짐한 잔디가 되지 못했다. 잔디만 초록색 눈요기인가? 오기가 생겼다. 올해는 생각을 바꾸기로 했다. 야생화도 푸른데 땅에 나는 식물은 그대로 살리기로 했다. 잔디가 고르지 못한 자리에는 장미를 무리 지어 심었고, 산에서 보는 귀한 야생화도 사다 심었다. 잡초 속에 꽃 모양이 유난히 작은 남색 봄까치꽃이 다른 봄꽃보다 일찍 귀엽게 피었다.

　지난해 늦은 봄에 월정사에서 본 보랏빛 용담이 생각난다. 팔각 구층 석탑 주위에 작은 별을 뿌린 듯 작은 용담꽃들이 빽빽하게 피어나고 있었다. 작은 모습의 보라 군단이 이룬 아름다움이었다. 월정사를 다녀오면서 서울에서 보기 힘든 식물을 몇 그루 뽑아 오리라 별렀는데 못하고 말았다. 서울을 떠날 일만 생기면 꽃삽을 준비하여 식물채집을 하려고 다짐하고 있다. 우리 집 꽃밭 가득하게 각 곳에서 채집한 식물로 작은 식물원을 꾸미는 일이 꿈이다. 잡초는 소박한 아름다움으로 정이 간다. 야생화를 보면 고향의 얼굴이 있고 숨은 이야기가 있다. 까마중, 자운영, 메꽃, 시금초(싱아), 도라지꽃, 접시꽃, 패랭이꽃…. 자꾸 불러보고 싶다.

 육이오 피난 시절 정착지가 결정되기 전 임시로 온양에서 기와집의 방 한 칸을 얻어 살던 때이다. 집 앞을 나오면 무궁화 나무 울타리가 있었다. 울타리 나지막한 자리에 메꽃이 분홍빛 꽃망울을 터뜨려 화사한 아침을 선물했는데 지금까지 선명한 모습으로 남아 있다. 메꽃 핀 울타리 옆에서 네댓 살 난 동생이 가냘픈 다리로 비틀대며 뛰어다니던 모습이 연상된다.

 분홍빛 자운영, 노랑꽃 돌나물은 간양골에 정착하여 살 때 익힌 풀들이다. 지금도 야외로 나갈 때마다 논밭을 바라보며 자운영꽃을 찾지만 보이지 않는다. 기껏해야 이년 반 남짓하게 지낸 시골 피난 생활에서 자운영꽃의 기억도 멀어져 가고 있다. 자운영도 벼메뚜기처럼 멀리 떠나갔는지 향수 속에 묻혀가고 있다.

 우리가 지금 사는 집을 선보러 왔을 때이다. 담 밑에 널찍하게 자리를 잡은 까마중 한 그루가 다닥다닥 까만 열매를 매달고 있었다. 내년에 이 집에서 까마중 열매를 본다는 확신이 들었다. 볼품 있게 서 있는 감나무나 대추나무보다 연약한 까마중 한 그루가 더 눈에 끌렸다. 까마중 풀에는 나의 유년기의 풋내기 시선이 숨어 있다. 까마중 열매마다 소꿉친구의 모습이 그려 있다. 까마중 열매를 따 먹던 달짝지근한 유년기 입맛이 감돈다.

풀잎에는 동심의 이슬이 맺혀 있다. 풀잎은 나를 부른다. 풀잎을 들여다보며 시든 꽃잎과 이파리를 따내고 해충을 잡고 웃자라는 가지를 쳐주고 물을 준다. 곁에서 떠나기 싫어진다. 가지를 쳐도 거부하지 않는다. 며칠 지나면 옆에서 잔가지가 돋아나와 새 모습으로 치장한다. 온갖 몸짓이 귀하고 아름답다. 꽃밭을 바라보며 감상하기보다는 다듬을 일이 눈에 더 보인다. 이런 일은 변화 있게 꽃밭의 얼굴을 만들어 주지만 시간 부족에 허덕거리는 내게는 즐겁고도 비명 나는 일이다. 나는 가끔 꽃밭의 디자인을 구상하느라 멍해져야 한다. 해마다 다른 꽃밭을 설계하여 꽃이 많은 집으로 불리고 싶다. 규격 짜인 꽃밭보다 꽃을 사랑하는 마음이 담긴 아담한 꽃밭으로 만들고 싶다. 장맛비가 온 뒤 야생화들이 잔디와 함께 더욱 새파래졌다. 사람들은 곧잘 서로에게 피곤을 주고 우울한 답례도 나눈다. 그러나 화초에는 미움이 없다. 화초 앞에서는 마음이 비워진다. 화초에는 꽃이 있어 행복하다. 장마철에 부는 바람 속에 풋풋한 풀 향기가 실려 온다. 우리가 땅으로 돌아갈 때 풀은 지금보다 더욱 가까워질 것 같다. 하나가 될지도 모른다.

봄날

겨우내 침울한 빛깔의 창밖이 환해지면서 봄이 오고 있다. 하얀 봄 햇살이 방 안 깊숙이 들어와 넘실댄다. 매일 어두워야 집에 돌아오는 난 휴일이면 실내에 찾아오는 햇살의 방문이 신비롭다. 흰빛 레이스 커튼 올 사이로 무수한 햇살이 걸러지고 있다. 햇살이 만드는 물체의 형상은 전등 빛에서 보던 모습과 달리 순간마다 다른 얼굴을 한다.

햇살은 비밀을 갖고 있다. 햇살과 친밀해지고 싶다. 햇살 결핍이다. 햇살의 체온이 편안하다. 봄의 햇살에 풀잎 빛깔이 윤기 나게 번진다.

햇살이 많은 거실 창가로 화분을 옮겼다. 작은 봄의 풍경이 싱그럽게 피어오른다. 이곳저곳 화초들로 집 안을 푸르게 장식했다. 마른 소재의 꽃들로 방안을 꾸미다 보면 바싹바싹 마르는 소리가 나고 마음도 말라 갈증이 온다. 이들 속에 푸른 화초 한두 포기가 추가될 때 생기가 돈다. 묵은 잎 속에 끼어 있는 윤기 나는 새잎을 보는 일이 기쁘다. 물 한 모금에 싱싱하게 소생하는 프리뮬러 잎사귀를 보는 일은 환희이다. 물을 분무해 주면 잎들의 살빛이 영롱하게 돋보인다. 줄기를 길게 늘이며 자라 올라가는 옥시칼라는 갈증이 조금 있다고 시드는 일 없이 푸름을 누린다. 작은 갈증에도 기다란 꽃대가 어이없이 꼬부라지는 시크라멘과 대조적이다. 추위에 약한 아프리칸 바이올렛이 동상에 걸려 이파리가 조금씩 시들어가는 모습은 악성 종양 환자를 보는 듯하다. 불길한 병색으로 살듯 말듯 끈질기게 죽어간다. 난초는 실수가 두려워 몇 그루 키우지 않으나 은은한 꽃과 정갈스럽고 기품 있는 자태에 내 마음이 다듬어진다. 상식이 모자라 분재는 키우지 못하다가 작년 봄 처음으로 목백일홍(배롱나무) 분재를 구해 겨울을 났다. 개인주택 썰렁한 마루에서 그래도 지난겨울은 이상 난동 덕을 본 셈이지만, 부지깽일 잘라 흙에 묻어놓은 것 같은 목백일홍을 바라볼 때 측은한 생각이 들었다. 공연히 주인 잘못 만나 죽어버리는 것은 아닌가 후회가 되었다.

보고 또 보니 분명 새싹 같은 움이 터지고 있었다. 낯선 화초를 사다 새로 익힌다. 물을 주면서 화초들의 몸살도 알게 된다. 꽃을 피울 때까지 기다릴 줄도 알게 된다. 소리 없는 화초들이 음악처럼 사랑스럽다. 손길이 간 만큼 매끈해진다. 귀한 자리에 놓이면 귀하게 자랄 줄도 안다. 화초를 키우듯 나를 푸르게 키워보고 싶다.

휴일에 가족이 함께 모여 각자의 일을 하는 시간도 소중하다. 작은아들이 공부하다가 싫증이 났는지 풍경화를 그리고 싶다고 소란을 떤다. 건너편 집에 피어 있는 흰 목련화가 우리 집 창문에 가득 들어와 있다. 목련화를 배경으로 그 집을 그리고 있다. 나도 옆에서 그리고 싶은 마음이나 읽던 책을 마저 읽기로 했다. 흰 도화지 위에 흰 목련꽃 색칠을 고민하더니 스포이트로 물감을 빨아들여서 꽃잎마다 도톰하게 짜놓고 있었다. 자기 발상이라고 흐뭇해한다. 오늘 그린 그림을 주제로 일기를 쓰고 동시를 지었다.

  흰 목련의 마음을
  아침에 일어나면 앞집에 있는 목련은
  솟아오르는 태양의 앞에서
  환한 모습으로 아침 인사를 해요.

  학교에서 돌아오면 앞집에 있는 목련은
  서산마루에 사라져가는 햇빛을 받으며
  얼굴을 붉히지요.

  외국에서 할아버지를 간호해 주시는 아빠께
  이 흰 목련의 마음을 보내요.
  흰 목련이 날리는 마음을

겉으로 내색을 하지 않던 녀석이 아빠와 할아버지에 대한 마음을 시에 나타내고 있다. 미국에 사시는 아버님께서 고령에 위독하여 남편이 위문을 떠났다. 지금 가족 모두가 쾌유를 위해 기도할 뿐이다. 아프다가 죽고 노쇠하여 죽고, 죽음은 누구나 가야 할 길이다. 죽음을 항상 멀리 놓고 잊어버리고 산다. 그러나 죽음은 내 곁에 그림자처럼 붙어 있다. 새벽에 눈을 뜨면 오늘 내가 살아 있다는 환희로 감사한다.

5,000년의 죽음, 1년의 죽음, 1시간의 죽음. 죽음의 큰 흐름 속에 새로운 죽음이 합쳐 흐른다. 작년의 목련꽃 죽음, 재작년의 풀잎 죽음도, 죽음은 고요히 죽음의 나라로 모여 간다. 죽음이라는 자연이 있는 곳으로 간다. 흰 목련 꽃잎이 떨어지듯 순하게 눈을 감기 위해 내 마음에 목련 한 그루를 심으련다.

꽃이 피는 소리

"저 아래 서교동에 봐놓은 집이 있는데 한번 가보겠니?"
"네, 아버지. 아범하고 차리고 나오겠어요."
수십 년 전 이사하려고 집을 보러 다닐 때였다. 바쁜 자식들을 위해 아버지께서 물색해 놓은 집이었다. 멀지 않은 곳에 그 집이 있었다. 근처 동네의 집이니 이미 보고 지났을지도 모른다. 횡렬로 자동차 두 대가 들어갈 만큼 넓은 길 양옆에 가지런하게 이층집들이 늘어선 조용한 주택가였다. 조심스레 대문 안으로 들어갔다. 새로 이사 오는 집에 대한 호기심으로 보통은 집 안 내부 구조를 살피게 된다.

그런데 마당 구석구석에 있는 푸른 식물들에 눈이 먼저 갔다. 담벼락 근처에 실하게 퍼진 녹색 줄기 사이로 까맣게 익은 동그란 열매가 달린 까마중이 보였다. 얼마 만인가? 아마도 어린 시절 6.25 전쟁 때 서울을 떠나 피난 가서 살던 충청도 어느 마을에서 처음 본 것 같다. 까마중은 낯선 외지에서 익혔다. 작은 잎에서 줄기가 불어나면서 흰 꽃을 피웠다. 꽃이 떨어지면 파랗고 동그란 열매가 열리고 점차 까만색으로 익어갔다. 아이들이 다닥다닥 붙은 열매를 따 먹는 모습을 보고 나도 따라 했다. 단맛에 자꾸 먹고 싶었다. 그때까지 그릇에 담긴 음식만 먹다 식물에서 먹을거리를 바로 따 먹으니 신이 났던 기억이 떠오른다. 머나먼 어린 시절의 동심이 내 안에서 꿈틀거렸다. 까마중을 보는 순간 이 집은 이미 우리 집이 되고 있었다. 까마중을 포기할 수 없었다. 까마중은 우리 집의 문패가 되었다. 지금 사는 우리 집보다 마당이 넓었다. 집 주위로 라일락, 단풍나무, 목련, 감나무, 대추나무, 향나무 들이 담처럼 두르고 있었다. 처음으로 집 안에 과일나무를 가꾸게 되었다.

까마중 열매는 '프로' 유실수인 대추나무나 감나무에 비하면 얼마나 초라한가? 그런 까마중에 미쳐 이 집에 살게 되었다.

마당이 넓은 집에 살면서 꽃밭에 앉아 있는 시간이 늘어갔다. 내 안에 농부 근성이 잠재하고 있었을까? 다섯 살 어린 유아기에 집 마당이 아닌 어두운 광 안에 흙을 파고, 독에서 쌀을 한 줌 집어내 동생과 함께 쌀 나무를 심던 일이 생각난다.

서울을 떠난 일이 없어 피난 가기 전까지는 벼나 논을 본 일이 없었다. 피난 생활은 고통스러웠지만 풍성한 전원에서 풀 놀이는 즐거웠다.

1.4 후퇴 피난길에서 하얀 눈으로 덮인 들판에 까만 줄기 위에 하얀 송이가 올려 있는 것을 보았다.

"저것이 무슨 나무이에요?"

"목화란다."

어머니의 대답이었다. 지금까지 잊히지 않는 신비한 식물과의 첫 대면이었다. 지금도 우연히 파랗게 자라는 목화를 볼 때면 아홉 살 유년 때의 눈밭이 떠오른다. 피난지에 정착해 살면서 뽕나무에서 오디라는 달콤한 열매를 따 먹으며 입술을 검게 물들였다. 초등학교 3학년 때 휴전이 되어 서울 집으로 돌아왔다. 마당에 빈 자리가 나는 대로 화초를 심었다. 나팔꽃이나 분꽃이 피면 붓을 들고 다니며 꽃가루를 묻혀 이 꽃 저 꽃의 암술에 발라주며 나비 역할을 했다. 작년에 없던 새로운 색깔의 꽃을 다음 해에 보는 재미가 있었다. 꽃이 지고 나면 꽃씨를 받아 종이에 싸서 할머니의 경대 서랍에 잘 보관하였다. 봄이 오기 전에 가끔 경대 서랍의 꽃씨를 열어보며 여름 꽃밭을 그려보기도 했다. 중학교 국어 시간에 「오월과 나」라는 제목으로 글짓기를 했다.

조그만 뿌리로부터 땅의 물을 빨아올리는 모양, 물이 줄기로 올라가 잎으로 가는 모양을 지금 당장 현미경을 갖다 놓고 보고 싶다. 모란과 같이 향기가 없는 꽃도 땅속에 향수를 뿌려주면 꽃이 필 때 향기를 풍길 수 있을지 궁금하다. 내가 크면 알게 될까?

봄이 오면 일요일 오후마다 꽃시장으로 갔다. 꽃모종을 사다 마당 빈터에 임시로 진열해 놓았다가 퇴근하여 집에 오면 어둡기 전까지 심었다. 이곳저곳에다 꽃의 종류, 키, 색깔에 따라 분류하여 꽃밭을 디자인하여 가꿨다. 한번 땅에 심으면 봄마다 싹이 오르는 매발톱, 천남성, 벌개미취, 옥잠화, 머위, 은방울꽃, 모란, 함박꽃, 금낭화들은 항상 제자리에서 꽃을 피웠다. 첫 싹이 나와 꽃봉오리가 맺힐 때까지 시선은 분주했다. 싸늘한 봄날 히야신스 새싹이 뾰족하게 솟아오르고 있었다. 며칠 뒤 심술궂게 흰 눈이 내렸다. 흰 눈 속에 둘러싸인 녹색 잎은 산뜻했다. 그런데 찬 이불을 덮고 있다. 예쁜 새싹 기념사진을 찍기 위해 내 몸을 낮춰 새싹들 옆에 있는 눈가루들이 보이도록 접사를 시도했다. 렌즈 속의 봄 잎은 떨고 있지 않았다. 눈이 녹을 때까지 녹색 잎은 흔들리지 않았다. 분명 봄을 맞이하고 있었다.

지난가을 꽃밭에 떨어진 누런 감나무 낙엽들이 흙과 엉키는 곳에 상사화가 난초처럼 기다란 잎을 내밀고 있었다. 한쪽에선 둥굴레 새싹이 마른 감나무 가랑잎 한가운데를 뚫고 자라 나오고 있었다. 새싹이 가랑잎 스카프를 목에 걸쳤다. 새싹에 올라앉은 누런 가랑잎은 땅 위의 갈잎이 자라는 듯 위로 자꾸 떠올려지고 있었다. 모양이 버거워 보여 갈잎을 떼어버리고 싶었지만 있는 그대로 두었다.

해가 설핏하니 부드러운 햇살이 꽃밭에 내려앉았다. 나도 좋은 빛을 찾아 자리에 앉았다. 꽃양귀비 몇 그루가 꽃을 피웠다. 하늘거리는 줄기 위에 올라앉은 꽃도 하늘거린다. 얇은 꽃잎에 섬세한 문양과 색깔, 꼬깃꼬깃하게 가느다란 주름까지 졌다.

내 숨소리가 꽃에 전달되는 거리까지 카메라 렌즈를 가까이했다. 갑자기 '푸르' 소리가 들렸다. 깜짝 놀랐다. 낯선 소리다. 야물게 오므린 꽃봉오리가 펴지는….

처음 듣는 소리, 꽃이 피는 소리였다. 꽃의 말을 들었다.

5부

살며, 익으며

어머니와 나
고향길에서
강변길을 따라서
잠과 꿈
귀가한 원고
고양이로 할까?
여기 이 대문을 보세요
목화솜 꽃송이
할머니의 사탕
엄마의 묵은 노래
웃음이 무서운가요?
고향 그리기
'나는 쓰지 않으면 안 되는가?'

어머니와 나

　어머니를 부를 때 '엄마'라고 유아기 말을 지금까지 쓰고 있다. 쑥스러워 '어머니'라고 한 번도 부르질 못했다. 글을 쓸 때만 나이가 부끄러워 어머니라고 쓴다. 스산한 날씨가 되면 나이가 들어도 어머니의 품속이 그리워진다. 아무리 불러도 싫지 않은 말도 엄마이고 가장 다급할 때 나오는 말도 엄마이다. 나의 어머니에 대한 글을 쓰기엔 조금 이른 느낌이다. 어머니 속에 내가 너무 묻혀 살고 있기 때문이다. 나의 성장 과정에 비친 어머니의 모습은 먼 기억 속에 살아 있는 앨범이니 펴보고 싶어진다.

　아주 어린 시절은 기억이 희미하다. 다섯 살 무렵, 그릇에 짜 놓은 동생 먹고 남은 하얀 젖을 내 무릎의 상처에 찍어 바르던 무렵의 어머니는 젖 빛깔 안개 속에 숨겨져 있다.
　"고구마 사세요. 고구마 왔어요."
고구마 장사의 고함이 들렸다.
　"고구마 장사!"

다섯 살 나는 겁 없이 고구마 장사를 큰 소리로 불러놓고 집으로 재빨리 뛰어 들어가 문고리를 잠그고 대문 뒤에 숨어서 망을 보았다.

"고구마 안 사요?"

고구마 장사는 우리 집 문 앞에 당도하여 문을 두드렸다.

"무슨 일이냐?"

어머니가 안에서 나오며 물었다. 그때의 어머니는 치기 넘치는 내게 갑자기 커다란 두려움이었다.

여섯 살 무렵이다.

"어제저녁 어디서 잤는지 아니?"

아침에 일어났는데 어머니가 물었다. 마당에 누워 있는 나를 데려왔다고 했다. 아이들과 맴맴 돌기 놀이를 하면서 땅이 올라갔다 내려갔다 심한 어지러움의 기억까지는 있지만, 마당에 누워 있던 기억은 전혀 없었다. 기절했나? 지금도 맴맴 돌기 놀이는 어지러워 절대 하지 않는다.

가끔 혼자 엄마 방에서 어머니의 한복 치마를 나의 머리에 쓰고 커다란 화장대 거울 앞에 서서 모양을 내고 연극 장난하던 생각이 난다. 아무도 없을 때 옷장 여기저기를 뒤지며 혼자 노는 일이 심심하지 않았다. 상상 속에 있는 나는 놀이 속의 주인공이 되고 엄마가 되었다.

6·25 전정이 일어난 해 4월, 아현초등학교에 입학을 했다. 이 날 입고 갈 원피스를 어머니는 손수 만들어 입혀주었다. 예쁜 옷을 입고 신나게 교문으로 들어갔다.

　입학 후 며칠 동안은 교실에 들어가기 전 운동장에 한 줄로 앉아 출석 확인을 했다. 선생님이 출석을 부르면 대답 잘하라고 손짓하던 어머니의 모습이 떠오른다.

　이름을 써 오라는 숙제가 있는 날이었다. 처음에 '영자'라고 제대로 쓰다가 중간에 변덕이 났는지 '요ㅇ자'라고 눕혀서 쭉 써 내려갔다.

　"네 이름이 뭐냐? 영자니? 용자니?"

　선생님은 물었다. 아는 글자라고는 이름 석 자뿐이었을 때였다. 어린 마음에 무척 당황하였다. 공부는 언제나 혼자 했다.

　6·25 전쟁이 나서 석 달도 채 수업을 못 하고 1학년 학력은 종결되었다. 피난 갈 시골 친척 집이 없어 빨리 피난길에 오르지 못했다. 서울에서 이리저리 숨어다니며 전쟁을 겪다가 한강 다리가 끊어진 후 1·4 후퇴를 맞아 나룻배를 타고 한강을 건넜다. 피난길에서 반찬 없는 하얀 주먹밥을 깨소금에 발라 먹으면서 어머니에게 투정하지 않았던 기억, 아니 그것은 가장 맛있던 음식의 미각으로 남아 있다. 아홉 살 맏딸인 나는 정처 없는 피난길을 걸어가며 하얀 눈이 쌓인 밭에 띄엄띄엄 서 있던 앙상한 검은 가지 위에 달린 하얀 꽃이 궁금했다. 목화라는 말을 처음 어머니에게 배웠다. 이때 나의 망막에 찍힌 이 겨울 사진은 아름다운 풍경으로 곱

게 자리하고 있다.

온양에 잠시 머물러 살 때 서울 집에 두고 온 교과서들이 보고 싶다고 어머니에게 졸랐다. 아버지가 책을 갖다 주었을 때의 기쁨은 지금도 잊지 못한다. 그때 한글도 모르면서 왜 책에 대한 애착이 심했는지 모르겠다.

그곳에서 앓던 여동생이 죽어가고 있었다. 마실 왔던 동네 아주머니가 갑자기 가셨다. 죽음을 예측했던 것 같다. 숨이 가빠지고 멈추었다. 기어이 이름 모르는 산 자리에 동생을 매장한 어머니의 모습은 어린 눈에 잊을 수 없는 충격이었다. 어머니는 서울 오기 전까지 살던 간양골이라는 산골에서 6·25 석 달 전에 태어난 동생을 업고 종일 할머니와 함께 일을 했다. 어머니가 가슴앓이를 앓았다는 이야기를 어릴 때 눈치채지 못하고 큰 다음에 들었다.

학교에 다니고 처음으로 성적표를 받아 왔다. 외출하고 들어오시는 어머니에게 성급히 성적표를 들고 달려나가 길바닥에서 보여드렸다. 이때 성적은 기억나지 않는데 내가 공들여 만든 수공예품처럼 성적표를 어머니에게 보여드리고 싶었다.

3학년이 되면서 학교에서는 8월이 되면 불비가 내려 모두 죽게 된다는 괴소문이 돌고 있었다. 아이들은 둘 이상만 모이면 이얘기를 하면서 나는 누구하고 같이 붙잡고 죽는다며 술렁거렸다.

휴전되어 서울 집으로 돌아왔기 때문에 큰 공포감은 잊혀지고 있었다. 동화 같은 불비에 관한 의문을 어머니에게 한 번 물었으면 편안한 마음자리를 누리지 않았을까?

중학교 때까지 피난 학교에 다니던 향수에서 벗어나지 못했다. 방학이 되면 시골에 한 번은 가보자고 어머니에게 졸라볼 만한데 전혀 그러지 못했다. 지금처럼 교통편이 편하지 못해서 여행은 쉽게 상상할 수 없었다.

하루는 중학교 때 친한 친구 무자네 집에 갔다가 엄마를 어머니라고 부르는 호칭을 들었다. 혼자서 상을 차리는 일과 리듬감 있게 파를 써는 능숙한 소리를 들었다. 이날 친구의 숨겨진 성숙한 모습을 처음 보았다. 난 이날부터 엄마의 어린 딸일 뿐이었다.

어려운 일에 부딪혀 눈물겨운 일도 많았지만, 그때마다 어머니는 피난살이 할 때처럼 묵묵히 일만 했다. 어머니의 저력은 우리 집의 꺼지지 않는 등대가 되었다.

맏이인 내가 결혼을 할 때 어머니의 서운한 마음은 상상도 못했다. 식장을 향해 집을 떠날 때 소풍 가는 기분처럼 홀가분하게 느꼈던 까닭은 어머니 곁을 떠나지 않을 거라는 예감 때문이었을까?

아이들을 키우면서 자주 어머니의 모습이 반사되어 나타나곤 했다. 어머니는 나의 자식들을 우리 키울 때처럼 키운다. 돋보기도 쓰고 머리에 염색도 하고 자꾸 연로해진다. 내가 새치 뽑는 것을 보면 너희들까지 늙느냐고 한다.

직장에 나가는 것, 퇴근 후 음악회에 다니는 것, 혼자 사는 여자처럼 십삼 년 동안 출근 전에 테니스 난타 치러 다니던 일, 그리고 집에서 책 읽을 시간을 가질 수 있는 것. 어머니는 딸의 성장을 위해 인내하고 있다. 이렇게 살면서 가끔 뒤를 돌아보며 어머니에게 많은 후회를 한다. 나의 마음이 자식들에게 쏠리고 어머니 생각을 못 할 때가 많았다.

첫아이를 낳는 진통 속에서 무수히 쏟아져 나오던 엄마, 엄마, 노랗게 외치던 절규가 귓전에서 맴돌고 있다.

어머니가 곁에 계심은 환희인 것을. 어머니의 환갑이 오고 있다.

고향길에서

몇 번인가 마음속으로만 생각했다. 부모님의 고향이 개성이라 남들처럼 고향 찾는 여행을 다녀보질 못했다. 2년 전 싸늘한 초봄에 두 아이를 데리고 고향길 답사를 떠났다.

집을 떠나 아현동에서 내려 처음 닿은 곳은 아현초등학교였다.

"여기가 엄마 학교예요?"

낯선 듯 묻고는 아이들은 급히 운동장 쪽으로 뛰어갔다. 여름에 수많은 잎을 나부끼며 그늘을 만들어 준 고마운 플라타너스들이 굵은 가지가 잘린 채 을씨년스레 서 있었다. 아이들의 노랗게 앳된 고함이 들려오는 듯했다.

1학년에 입학하여 친구들과 어울려 탔다가 어지러워 혼이 났던 뺑뺑이는 없다. 1학년 때 이름 쓰기 숙제에서 '영' 자를 처음에는 잘 쓰다가 중간에 살짝 창의력(?)을 가미하여 '요ㅇ'으로 만들어 써서 꾸중 듣던 일이 생각난다. 4월에 입학하여 3개월도 되기 전에 6·25 전쟁으로 피난 갔던 일, 전쟁 후 3년 만에 서울에서 되찾은 반가운 3학년 2학기 수업 시간, 시험답안을 쓸 때 연필심이 책상과 마찰하며 내던 '따다닥' 소리는 생각만 해도 긴장된다. 등나무 밑에서 미술 시간에 그리던 풍경화, 교단에 서서 처음으로 발표할 때 내 눈에 한꺼번에 들어오는 아이들의 얼굴 모습에 당황하던 일, 3학년 종업식 때 뒤에 섰던 정순이가 4학년 때는 우등상을 타자고 귓속말을 했는데 정말 우등상을 탄 일, 일기장 검사 후 몇 줄 써주시는 담임선생님의 말씀을 보물함 열어보듯 살며시 읽어보며 마음 설레던 일, 지금같이 읽을 책이 많지 않은 그때 어느 어린이 잡지에 실린 글의 내용을 베껴 학급문고와 같이 예쁘게 만들어 서로 돌려가며 읽던 기억이 난다. 이때 쓴 서투른 필적인 4학년 때 노트가 보물로 스크랩북에 귀하게 소장되어 있다.

5학년 담임선생님께서는 사친회비를 거둬 장부에 넣어 교무실 모 선생님께 갖다 드리는 일을 시키셨다. 어느 날 심부름한 사친회비가 없어지는 일이 생겼다. 항상 미안한 생각으로 지내던 중 마지막 수업 시간이 되었다. 선생님께서는 우리 모두에게 하고 싶은 말을 써내라고 하셨다. 마음에 응어리진 지난날의 미안함을 숨김없이 썼다. 선생님께서는 따뜻한 말씀으로 내 마음을 위로하여 주셨다. 참으로 잊히지 않는 김혜숙 선생님이시다.

신이 나서 놀고 있는 아이들을 불러 다른 곳으로 가자고 했다.

학교에서 큰길이 아닌 주택가 샛길을 따라 아현동으로 향했다. 많은 집이 개조되었는데 약간 언덕에 있는, 화강 최대교 검사가 부친이었던 초등학교 친구 양혜가 살던 집이 그대로 있었다. 한옥의 품위를 살려 지은 집이었다. 항상 조용하여 사람이 살지 않는 집 같았다. 간혹 열린 문으로 보이는 그 집 내실 쪽에는 파초인지 잎이 큰 식물이 어른거렸다.

　수십 년이 지난 이 집은 생나무 색상을 잃고 탁한 회색빛을 두르고 있었다. 화려하지 않고 옛 모습대로 바뀌지 않은 건 아직도 주인의 강직을 닮아서일까? 친구는 어디에 살고 있는지….

　길을 따라가다 보니 이 길이 맞는지 의심이 들 만큼 변해 있었다. 살던 아현동 집이 나타날 만한데 보이지 않는다. 너무 가까운 거리가 된 것 같아 앞으로 더 지나갔다가 다시 돌아와서 더듬어보니 줄줄이 붙어 있던 한옥 몇 채가 합쳐져서 2층 건물로 변해 있었다.

　"얘들아, 엄마가 살던 집이 없어졌구나."

　6·25 전쟁 나기 몇 해 전 같은 시기에 지은 생나무 빛깔의 윤기 나는 기와집들로 이웃이 서로 비슷하게 들어와 살기 시작했다. 오랫동안 함께 살아 친척같이 지냈다. 지붕의 무게를 못 이겨 사각의 윗모서리가 뒤틀린 나무 대문이 인내로 다소곳이 닫혀 있는 집 한 채의 모습만이 보였다.

　어려서 잔병이 잦던 나는 엄마와 아빠가 쓰는 건넌방에 눕는 날이 꽤 있었다. 편도선염이 주병이었다. 열이 나서 정신이 혼몽할 때 벽에 걸린 추시계를 바라보면 작은 사람들이 시계 속으로 드나들고 있었다. 외풍을 막기 위해 쳐놓은 동양화가 그려진 병풍을 바라보며 아픔을 달래기도 했다. 병풍 속 허리가 구부정하고 머리가 벗겨진 할아버지, 떠나가는 배에 타고 있는 나그네. 이 병풍은 오래 보관되다가 보이지 않게 되었다. 동양화를 바라보는 마음속에는 어려서 보아오던 병풍의 그림이 고향처럼 그리움으로 깔려 있다.

이 방에 세로줄 무늬로 파인 연녹색 유리문이 있는 책꽂이 모양의 약장이 있었고 '아까징끼'라고 부르는 빨간 색깔 머큐로크롬, 요오드가 주성분인 옥도정기 소독약, 약솜, 지금과 다른 기다란 유리 안약 병이 있어 병이 나면 아버지가 꺼내 넣어주고, 놀다 다치고 오면 약솜에 소독약을 발라 치료해주었다.

동네 아이들끼리 놀 때는 흙을 긁어모아 두꺼비집 짓기 놀이를 하거나 '신랑 방에 불 켜라, 색시 방에 불 켜라'라는 노래의 곡조에 맞춰 뿌리를 문지르면 빨개지는 풀도 갖고 놀았다.

동네 풀밭에 가서 시큼한 시금초(싱아) 잎도 따 먹었다. 시금초는 지금 우리 집 화단에서 키우고 있으며, 페츄니아 틈에 뿌리 빨개지는 풀도 함께 자라고 있다. 이 집에서 4월에 입학을 하자 곧 6·25를 당했고 피난을 나가지 못한 우리 식구는 공습이 있을 때마다 숨으러 다니며, 전등 불빛이 창밖으로 나가지 못하게 까만 휘장으로 창문을 가렸다. 장독대에 떨어지면 '쨍~ 앵'하게 울리던 예리한 금속의 파편 소리는 지금도 잊을 수 없다. 1.4 후퇴에 피난을 갔고 휴전이 되어 집으로 왔을 때 이 동네 집들은 폭격에서 무사했다.

공덕동(175번지)의 어릴 때 부르던 지역 이름인 쌍경대(?)를 향해서 걸어갔다. 어릴 때보다 보폭이 커져서일까? 갑자기 전개되는 회색빛 추억 사이로 잠자고 있는 동네가 옛 모습대로 박물관에 진열된 고서화처럼 고요하다. 대여섯 살의 작은 내가 되어 옛집을 찾아가고 있다. 낯설지 않은 옛집들과의 상봉에 눈물이 어린다. 공덕동 대로변의 내가 태어난 집을 빼고 가장 어린 시절을 지낸 집이다. 연년생인 남자 동생과 소꿉장난을 많이 한 곳이다. 언젠가는 집을 보다 잠시 나가 노는 사이에 놋대야가 없어져 도둑 잡겠다고 야단하던 일이 생각난다. 국경일 행사가 있을 때 꽃전차가 지나가면 구경하러 동네 아이들과 큰길로 뛰어나갔다. 이 집에서는 90세가 넘도록 장수하신 노 할머니께서도 살아 계실 때이니 4대가 한집에서 살고 있었다. 다섯 살까지 살다 이사 간 집이라 많은 것을 기억하기 힘들었을 때다. 집에 들어가 내부를 못 본 것이 후회된다. 그때는 그 집을 마지막으로 보게 될 줄 몰랐다.

좁은 길을 따라 내려오면 처음으로 친구의 권유에 따라 찾아간 교회가 있다. 몇 집 더 내려가서 소금 공장이 있고 그 옆이 초등학교 4학년 때 이사와 살던 집이다. 이웃에 사는 정혜네 집에 가서 봄빛이 따스하게 비치는 쪽마루에 앉아 새로 받아 온 신학기 책을 읽던 모습이 아른거린다. 마루에 놓인 이층 찬장 위에는 꽃 항아리가 정갈스럽게 놓여 있었고 할머니 방에는 개성반닫이, 옷장 등의 고가구들이 가지런했다. 다락에 할머니의 조그마한 화장대가 있었는데 서랍에 여름내 구경한 화초의 씨앗을 모아두었다. 가끔 겨울에도 서랍을 열어 씨앗을 만지며 여름의 정원을 그려보았다. 지금도 봄철 화단에는 이때 동심이 묻은 화초들을 찾아 몇 그루씩 사들인다. 이 시기에는 초록색 꽃이 없는 이유가 궁금하기도 했다. 처음으로 화단에 선보인 꽈리나무는 여름의 앙금이 주홍빛으로 물들어 주머니 속에 꿈을 담고 있었다.

고향 집들의 추억 이야기를 아이들에게 들려주며 채색이 은은한 아름다운 무늬를 고향길에 그린다.

강변길을 따라서

∞

　언제부터인가 원고청탁을 받기 전에는 글을 쓰지 않는 습성이 생겼다. 원고청탁을 받는 순간 작은 흥분으로 마음이 흔들리고 여러 주제가 머릿속을 채운다. 얼마 후 수필의 실마리가 잡히면 봄날 같은 나른한 상상의 세계에 나를 띄워 날려 보내게 된다. 상상 여행은 길게 가지 못한다. 손과 발이 쉬는 시간은 겨우 출퇴근 때이다. 강변도로를 시원히 달리는 차 안에서 자욱한 안갯빛 물결 위에 길게 드리운 빌딩과 다리의 그림자, 평화로운 모래 언덕, 푸른 가로수를 바라보면서 생각에 젖는다. 글을 쓴다는 일이 고행의 몸부림인데 인내하기 힘겨워 피하는 자신과 만나 대화한다. 나의 서투른 글이 작은 그릇에 담길 때까지 지그시 참는 큰마음을 어디에서 배울까?

　가끔 돌아가신 친할머니의 생전 모습이 떠오를 때가 있다. 아래로 동생이 여럿 있다 보니 할머니와 같이 보낸 시간이 많다. 시험 때면 초저녁잠을 이기지 못하는 나를 새벽에 깨워주었고 배가 아플 때면 약손을 문질러주며 박하사탕을 사다 주었다. 항상 따뜻한 아랫목 잠자리를 양보해 주시고 맏딸인 내가 할 일감을 대신 맡아서 하며 일 속에 산 할머니이다. 철없던 지난날이 후회스럽다. 할머니는 배움이 없어 글자를 읽어본 적이 없다. 내가 고등학교 다니던 때 조그만 백지 노트를 묶어 '가' 자에서 '하' 자까지 기본 한글 14자를 크게 써서 기초한글독본(?)을 만들어 드렸다. 할머니는 시간이 날 때마다 개성반닫이에 소중히 보관했던 한글 독본을 꺼내어 닳아서 뭉뚝한 손가락으로 한 자 한 자 짚으면서 가, 나 하며 읽었다. 칠순의 할머니는 글자를 자주 잊어 몇 번이고 반복하여 가르쳐 드렸다. 수년 후 돌아가실 때까지 한글을 깨우치지 못했다. 할머니가 한글을 배우던 모습을 회상하면 가슴이 아려온다. 그러나 할머니는 가, 나를 읽을 때마다 가슴에 기쁨이 넘실대고 있었다.

동시 쓰기를 즐기는 작은아들에게 '재은이의 마음 밭에 아름다운 꽃씨를 뿌리기 위하여 이 노트를 준다.'라는 엄마의 마음을 담아 동시 노트를 꾸며 주었다. 여기에 각종 색깔 글씨로 쓴 햇과일 같은 시 구절과 아기자기한 그림들로 채워지기 시작한 지 일 년이 넘었다. 이 녀석은 한 주일에 이틀씩 쓰는 일기거리가 없을 때는 곧잘 동시를 썼다. 동시를 엮을 때는 작게 콧노래를 흥얼대며 행복한 듯 유경환의 『풀잎 편지』 동시집을 뒤적거렸다. 시의 제목을 읽으며 편안한 앉음새로 이리저리 생각을 굴리면 어느새 어린 시의 싹들이 예쁘게 올라오고 있다. 너무 빨리 글을 쓸 때는 책을 보고 쓰지 않았나 의심을 했다. 어리석고 때 묻은 생각이 부끄러웠다. 작은아이의 시는 제 눈만큼이나 천진스럽고 맑아 내 마음의 그을음을 씻어주는 샘물줄기가 된다. 한 벌의 어린 날 색동옷이 된다.

방금 우정의 말뜻을 묻더니 「무지개」 속에 벌써 들어가 앉아 있었다. 갓 나온 아기 시 「무지개」를 읽어본다.

무지개는
알록달록 미끄럼틀
일곱 천사 함께
다리 건너네

무지개는
하늘과 땅의
아름다운
우정의 열쇠

일과를 마치고 집으로 돌아오는 길은 하루의 피곤을 푸는, 짧지만 행복한 시간이다. 동작대교 진입로에 들어서면 시원한 강바람이 불어온다. 변하고 있는 강변의 조경을 바라보며 한강을 가로질러 반짝거리는 고운 낙조 길을 따라간다. 어느덧 서쪽 하늘가에는 강렬한 빛을 벗겨버린 차분한 주홍빛 태양이 빌딩 뒤로 숨었다 나왔다 숨바꼭질 놀이를 하고 있다.

63빌딩의 모자이크 벽면들도 석양이 토하는 붉은 빛을 머금고 화려한 자태로 빛나고 있다. 집으로 향하는 길에 만나는 하늘의 석양 놀이는 해가 지는 언덕인 신촌 주변에 살다 보니 익숙해 있다. 여고 시절, 고갯길 위에서 가슴 설레게 하던 아름다운 석양이 중년을 넘기는 내 앞에서 또 손짓하며 부른다. 짙은 노을빛이 물든 길 위로 수레를 밀고 가는 이청운 화백의 고된 삶의 그림에서처럼 나도 노을길을 힘겨운 듯 가고 있다.

찬란한 햇덩이가 몸짓하고 지나간, 노을 물이 번진 빈 하늘은 지금 고요하다.

잠과 꿈

'나는 서 있기보다는 앉아 있기를, 앉기보다는 누워 있기를 좋아한다.'라고 시작하는 누군가의 「베개 이야기」 서두를 읽었다. 여고 때 「잠과 나」의 서두로 '누워 있기보다는 잠자는 것을 더욱 좋아한다.'라고 잠의 비정을 술회한 내용의 수필을 쓴 일이 있다. 다시 잠에 관해 써야 할 의욕이 생기는 연유를 자문해 본다.

잠에 관한 습성이 조금도 변함없으니 야속한 잠은 지금도 건재하다. 초저녁잠이 많고 한번 잠이 들면 업어 가도 모를 만큼 철저한 잠보인 나는 중년이 넘도록 철야 경력이 없다. 학생에게 결정적 약점인 잠쟁이다. 학생 시절에 잠과의 투쟁에서 늘 KO패를 당한 나는 잠의 피해자로 잠이 무서웠고 잠은 증오의 대상이었다.

밤 10시 무렵만 되면 의지력이 제법 강하다고 여기는 내가 잠 앞에서는 무력해진다. 상하 눈꺼풀은 눈을 빈틈없이 잠가 외부와의 자극을 단절시키고, 머릿속은 자가 마취되어 무념무상, 긴장감이 상실된 목 근육은 목 운동을 아래로 여러 차례 반복한 후 낮고 낮은 곳으로 상반신을 낮추고 무의식의 세계로 몰입하니 잠 입문의 시작이다.

잠이 들면 꿈이 들어와 산다. 잠 가는데 꿈 간다고, 그간 꾸어 온 꿈 중 기억에 남는 꿈이 생각난다. 온밤을 공포와 불안을 주제로 전개되는 꿈이 있는데 전쟁이 일어나는 꿈이다. 전쟁이 나면 재빨리 피난을 떠나지 않고, 피난 보따리 챙기기에 연연하며 허둥지둥한다. 때로는 피난길에 있어야 할 아이들이 안 보여 아이들을 찾다가 그만 잠을 깬다. 6.25 전쟁을 겪지 않았다면 이런 꿈은 꾸지 않을지도 모른다.

불안의 대상으로 시험을 보는 꿈이 있다. 시험 볼 때는 항상 시간이 모자라거나 답을 쓰지 못하는 열등생이 된다. 대학입시 꿈에 합격했다. 흐뭇한 꿈이었다. 꿈에 붙으면 떨어진다는 속설이 있어 침묵했다. 합격하여 기분 좋았던 꿈 이야기인데 숨기기도 답답했다. 신나게 이야기하고 떨어지면 체면이 무언가? 며칠 뒤 꿈은 합격이라는 현실이 되었다. 꿈 해석도 사람 따라 다른가 보다.

급한 일로 연락할 일이 있어 전화를 거는데 신호가 떨어지지 않아 온밤을 전화기 앞에 움츠리고 앉았다가 잠을 깬 꿈도 있다. 빨리 가려고 종종걸음을 걸어도 걸어지지 않고 달려도 뛰어지지 않는 꿈, 평소에 길눈이 어두워서인지 꿈속에서조차 길을 잘 잃고 방황하는 꿈, 어떤 사연으로 주인공인 내가 죽을 긴급한 사태에서 죽지 않으려고 묘책인 잠을 깨고 살아나는 아슬아슬한 꿈. 꿈을 꾸면서도 꿈 중이라는 것을 알고 잠을 깨다니!

인간의 무의식중에 얼마나 많은 불안이 있기에 좋은 꿈 마다하고 불안한 꿈을 많이 꾸는지 모르겠다.

꿈 중에는 제법 생산적인 꿈도 있다. 다음 날 아침 잊어서는 안 될 일을 마음에 품고 긴장한 채로 잠을 자면 꿈속에 미리 녹화해 놓은 듯 일어날 일을 생생하게 연습시켜 주는 꿈이다. 꿈속에서 미래의 일을 예행연습하고 잠을 깨면 산뜻한 기억으로 하루의 일과가 더욱 확실해진다. 이 친절한 꿈의 서비스에 감사하며 꿈을 즐긴다. 꿈은 신비한 영역이요 잠의 보람이기도 하다. 비슷한 유형으로, 희망하는 일이 꿈을 통해 이루어지는 경우가 있다. 수년 전 연수차 미국행을 계획하고 있을 때였다. 미국의 풍경이라야 사진이나 영화로 익혀온 상식 외에 무엇이 있으랴. 그날 밤 꿈에 눈에 보이지 않는 날개가 내 몸에 생겨 연한 보랏빛 안개가 감돌고 그림 같은 집들이 모여 있는 미국 하늘을 날고 있었다. 그것은 실제의 미국보다 더욱 아름다운 풍경이었다. 이 꿈은 내게 계획이 이루어질 수 있다는 확신을 준 꿈이기도 했다.

큰아들이 중3이니 오래전 일이다. 첫아이를 가지면 누구나 아들, 딸에 대해 무척 관심이 쏠리기 마련인데, 임신 초기 꿈에서 해산을 했다. 튼튼한 아들을 낳아 흐뭇한 감정을 미리 맛보았다. 꿈에 태어난 내 아이와의 긍정적인 만남이 태교에도 좋은 영향을 주었을 것이다.

큰아들을 낳았을 때 주변에서 말했다. 임신 초에 아들 낳았다는 꿈 이야기를 듣고 그때 다들 딸이라 생각했다고 뒤늦게 실토했다. 꿈은 반대라는 말도 진실인 것만은 아니다.

용꿈이라는, 말만 듣던 꿈을 작은아이 임신 중에 꾸었다. 병풍을 두른 듯 넓은 바위가 서 있고 그 위로는 폭포 물이 떨어지고 있었다. 한쪽에는 타원형의 욕조와 같은 연못이 있고 새끼 용이 그곳에 들어 있는 꿈이었다. 용꿈 자체로서 기대되는 꿈이었다.

대학생 시절, 집을 떠나 하룻밤을 자는데 잠결에 변의가 갑자기 생겼다. 꿈속에서는 해결이 안 되어 단잠을 깨고 일어나 화장실을 향해 더듬어 가는 중이었다. 눈에 비친 불꽃, 꺼지지 않은 연탄재에서 불씨가 남아 옆의 판자에 불이 붙고 있었다. 주인을 깨우고 진화를 서둘렀다. 분신 직전에서 구해준 총기 있는 배설 충동이었다.

꿈은 현실과 유사하면서도 합리적인 이야기의 전개가 결여되거나 왜곡되기도 한다. 탁월한 상상력을 갖춘 현대 화가의 그림처럼 현실과 다른 풍경을 만끽할 수도 있어 흥미롭고 신비로운 영감을 주니 내가 제작(?)하는 꿈이지만 놀랍다.

꿈속에서는 안경을 써본 일이 없다. 안경을 안 써도 잘 보인다. 꿈의 내용은 다른 사람이 만들지 않고 나의 무의식중에 형성한 작품인데, 사물의 세부를 전부 그려내는 초능력에 항상 의문이 간다. 무의식에 숨어 있는 초능력을 평생에 얼마나 써볼지 모르겠다.

낮의 영상을 각색하여 재생하는 내 꿈의 영상 제작이 어느 영화감독 부럽지 않다. 잠에 많은 시간을 할애하니 누구보다 꿈의 화면도 많이 즐겼다. 잠을 더 자야 하는 시간이 줄어가고 있다. 잠 앞에 이제는 긴장해야 할 때이다. 생애의 어느 만큼은 잠으로 꽤 탕진한 셈인데 잠을 좀 두려워해야 한다.

나는 잠자는 것보다 누워 있기를, 누워 있기보다는 앉아 있기를, 그래서 깨어 있기를 더 좋아한다는 고백은 언제쯤 할 수 있을까?

귀가한 원고

"여보세요?"
"나야, 큰일 났어."
"무슨 일인데요?"
"지금 컴퓨터에 저장한 원고가 날아갔어. 아무리 찾아도 없어서 전화한 거야."
"누나, 그대로 놔둬요. 찾아볼게요."

조각조각 모은 자투리 시간에 조각보 만들 듯 쓴 수필이었다. 서너 주일 이상 걸려 써진 애물이다. 마지막 문장을 저장하면서 가슴이 설렜다. '처음 듣는 소리, 꽃이 피는 소리였다. 꽃의 말을 들었다.'라고 끝을 냈다. 기분 좋은 마무리였다. 꽃을 좋아했어도 꽃 피는 소리는 처음 들었기 때문이다. 작은 흥분이 일어나기에 '너무 좋아하지 말자.'라고 한마디 추가하여 마무리를 수정했다. 꽃 피는 소리를 들은 감격을 티내지 말고 안으로 품고 싶어졌다. 무슨 예감일까? 조금이라도 좋아하는 감정이 섞인 의미인 '너무 좋아하지 말자.' 문구를 다시 지웠다. 글을 쓰면서 떠오르는 생각들을 잊지 않기 위해 원고 아랫면에 기록한 메모장이 있다. 이것도 복사하여 따로 저장을 해두었다. 원고 출력할 때 따라 나오는 텅 빈 A4 용지 한 장을 공연히 만들고 싶지 않았다. 원고를 복사하여 한글에 붙여쓰기를 하고 저장을 했다. 덮어쓰기 난이 떴다. 같은 원고가 두 편 있다는 뜻이다. 왠지 원고가 삭제될 것 같은 불길한 예감이 스쳤다. 무엇이 잘못되었나? 망설이다 클릭을 하니 원고가 예감대로 하얀 글자로 변색되었다.

비운의 클릭이다. 눈앞에 보이는 것은 모두 눈밭처럼 하얗게 되었다. 활자가 이사한 메모장 자리도 하얀 화면으로 변했다. 아찔했다. '너무 좋아하지 말자.' 마지막 글은 너무 좋아하지 말라는 예언이 되었다. 울어도 시원치 않다. 컴퓨터에 원고가 없는 것이다. 아무리 찾아도 없었다. 동생에게 부탁은 했지만 불안했다. 못 찾으면 어떻게 하나? 일단 생생하게 떠오르는 방금 끝낸 기억을 따라 메모를 했다. 내가 쓴 글인데 다시 쓸 자신이 없었다. 아예 다시 쓸 의욕이 사라졌다. 잃어버린 글을 쓰는 건 다시 쓰는 것이 아니라 기억에 매달리는 집착이었다. 생각이 안 나면 헛일이었다. 오직 찾아야 할 일이었다. 첫 글의 분위기를 잃고 싶지 않았다. 아니, 이미 지나간 뜨거운 집중력을 재현하기란 불가능할지 모른다. 쓰는 아픔을 또 겪고 싶지 않았다. 지금 글을 쓸 에너지는 이미 소진해 버렸다. 얼마 동안 쓰지 않으면서 하얀 채로 기다리기로 했다. 어쩜 요물 같은 기계 안에 원고가 안주하고 있을 거라는 기대로 생긴 휴식인지 모르겠다. 컴퓨터에 꿈을 담고 나태함이 극에 달할 무렵 기다리던 소식이 왔다.

"누나, 찾은 원고 지금 메일로 보냈어요. 삭제된 내용 잘 찾는 ㅇㅇ컴퓨터 회사에 부탁해서 힘들게 찾았어요."

"그래, 수고했어. 고마워, 다 찾았니?"

얼마나 고대하던 이 순간이었나! 기쁨 속에 스며드는 떨리는 마음을 안고 컴퓨터를 열었다.

하얀 칸에 귀가한 글자들이 황금빛으로 빛났다. 실종되었던 그리운 글과의 만남이 며칠 만인가? 글자들이 집에 돌아왔다고 시끌벅적하다. 잘려나간 획은 없는지 차분하게 읽어나갔다. 내 글이 아닌 낯선 글을 읽는 기분이 들었다. 글도 사람처럼 안 보면 낯설어지나 보다. 읽을 글이 더 있을 것 같은데 짧아져 있다. 돌아온 글은 내 마음에 다시 파문을 던져주었다. 완성 일 주 전 글까지만 있고, 마지막 쓴 글이 실종된 채로 미완의 귀가를 했다. 일부지만 재빨리 마지막 쓴 문장의 메모는 할 일을 했다. 이제 하얀 휴가를 반납할 시간이다.

고양이로 할까?

~~~

"언니, 천사만 많이 썼더니 귀신 글자는 기억이 안 나."
"귀신이 무섭다고 글씨도 못 쓰니?"
"귀신을 싫어하니까 안 쓰게 돼서 그래."

두 손녀의 도란도란 말소리가 정겹게 들려왔다. 마당이 있는 개인 주택에서 거주하다 아파트로 이사한 지 4년이 되었다. 땅을 밟고 싶어졌다. 뜨거운 낮의 햇살이 설핏해진 시간, 손녀를 데리고 한강 고수부지로 나들이를 갔다. 강가에서 불어오는 시원한 바람이 상쾌했다. 한참 땅 위만 바라보며 걷다가 시선을 돌려 강 쪽을 바라보았다.

출렁이며 반짝이는 작은 물무늬의 몸짓들, 땅처럼 단단하지 않은 수면에 한번 서보고 싶은 호기심이 생긴다. 엄마 품에 안겨 처음 뱃놀이 갔었다는 그 한강물에는, 1.4 후퇴 때 나룻배에 피난민을 날라주던 뱃사공의 인자한 얼굴도 숨어 있었다. 강물은 쉬지 않고 끝없는 물길을 따라 흐르면서 평화롭다. 강물에 나무들이 없어 서늘한 그늘은 바랄 수 없지만, 석양빛에 물든 황금물결의 풍경이 물리지 않아 마냥 바라보다 내 눈에 노을 물이 들 것 같았다.

"주아야, 저기 해를 좀 봐! 주홍빛 해가 집에 들어가려고 언덕을 넘어가고 있어."

"야아, 예쁘다, 해 보러 빨리 가자."

"할머니는 다리가 아파서 빨리 갈 수가 없단다."

"나 혼자 뛰어갈래."

한참 뛰어가다 길가에 떨어진 나뭇가지를 집어 들었다. 해 보기를 잊은 듯 나뭇가지를 휘두르며 신나게 걷고 있었다.

"그 나뭇가지로 무얼 하려고 그래?"

"이 나뭇가지를 진지하게 만지면 힘이 느껴져. 이것만 가지면 무섭지 않아. 귀신 나오면 이걸로 때릴 거야. 깜깜한 밤에 귀신이 나올까 봐 얼마나 무서운데…."

"귀신 보았니?"

"아니, 그래도 귀신은 무서워. 화장실 갈 때 이 나무만 들고 가면 돼."

손녀는 걸으면서 신바람이 났다. 혼자 깡충깡충 뛰다, 길가 나무 위의 파란 잎을 향해 나뭇가지로 귀신을 혼내주듯 휘두르며 좋아했다. 모이 쪼아 먹는 비둘기 옆에 가서 나뭇가지를 휘둘러 날아가게 했다. 짓궂은 짓을 한 후 나무 밑에 숨는 시늉도 했다. 집에 돌아온 손녀는 나뭇가지를 은밀한 곳에 감춰놓으며 뿌듯한 표정을 지었다. 아파트에서 나뭇가지 놀이는 해본 일이 없었다.

삼대가 함께 사는 집이라 외출을 할 때 우리 차 안은 꽉 찬다. 어둑한 시간에 가족이 가까이 붙어 있으니 손녀들은 조르기가 좋은가 보다.

"할머니, 심심한데 아주 아주 무서운 이야기 해줘요, 으응?"
"귀신은 무섭다면서 어떻게 무서운 이야기는 좋아하냐?"

어린 날에 옛날이야기 듣기 놀이를 즐긴 사람들의 말을 들으면 은근히 부러웠다. 난 할머니나 어머니에게 이야기해 달라고 졸라본 기억이 없기 때문이다. 장녀이기에 오빠 언니에게 졸라본 일도 없다. 이야기 듣기 놀이가 있는 것조차 몰랐다.

어린 시절 충청도 산골에 피난 가서 살 때다. 처음으로 이웃집 아이들 모임에 놀러 갔었다. 등잔불 하나밖에 없는 작은 방에 옹기종기 모여 앉았는데 내 또래만의 모임은 아니었던 것 같다. 나보다 더 나이 많은 아이들의 말에서 어른의 말티가 살며시 풍겨 나왔다. 익숙지 않아 그런지 같은 언어라도 사투리는 어감에서 더 나이티가 났다. 멀리 떨어진 곳에서 들려오는 말처럼 낯설었다. 난 또래의 말씨에서 벗어나고 싶으면서도 늘 서성거렸다. 어른들 이야기 자리에 자주 끼지 못하고 주변을 맴돌았다. 엄마가 되었지만 모아놓은 풍성한 이야깃거리가 없었다. 어린 내 자식들에게는 이야기를 들려주기보다 동화책을 많이 읽어주었다. 이야기를 보채기보다 책을 들고 와 읽어달랬기 때문이다. 주로 잠자리에서 잠들기 전까지 읽어주었다.

어느 날 손님이 아기가 책을 읽는다고 놀란 일이 있다. 글씨를 익힌 것이 아니고 들은 이야기를 익힌 것이다. 이때는 이야깃거리 결핍에 대해 고민을 해본 일이 없었다. 손녀들은 책이 없는 차 안에서 이야기를 해달라고 졸랐다. 즉석에서 꾸미는 이야기를 천천히 말을 아껴가며 조금씩 꺼냈다. 시간을 끌어 길게 이야기해야 한다. 한 이야기가 끝나면 다른 이야기를 해달라고 조른다.

깜깜한 밤중 외딴 산골에 혼자 사는 주인공이 당하는 무서운 이야기를 풀어나갔다. 드디어 아슬아슬한 순간에 이르면 손녀들에게 다음 이야기를 이어보라고 시켰다. 동그란 두 눈을 깜박깜박하며, 꼴깍꼴깍 마른침을 삼킨다.

"커다란 호랑이가 입을 크게 벌리고 '어흥!' 하고 덤비는 거야."

"아유, 무서워라."

나는 손녀들 손을 잡고 작은 품 안으로 파고드는 시늉을 했다.

"할머니, 무서우면 호랑이 말고 고양이로 할까?"

여기 이 대문을 보세요

큰아들이 미국 유학 중 잠시 귀국했을 때이다. 어려서 놀던 동네를 둘러보고 싶다고 했다. 한집에서 오래 살았기에 여러 집을 다닐 필요가 없었고 그 집은 멀지 않은 곳에 있었다. 우리 아이들이 어릴 때 이 골목에는 또래들이 제법 북적거렸다. 과제를 한다고 책상 앞에 앉아 있으면 어느새 동네 아이들의 목소리가 점차 커지면서 골목은 재미있는 놀이터로 변해갔다. 놀이공원 같은 동네였다. 아이들이 커가면서 조용한 곳으로 이사 가고 싶은 마음이 꿈틀거렸다. 조용한 분위기 감도는 동네가 부러웠다.

큰아들이 다섯 살 때이다. 추석 명절을 앞두고 경기도에 있는 친할머니 산소에 성묘를 갔다. 산소 앞에 앉아 아빠의 기도에 두 손을 모으고 있던 아들은 갑자기 산소 위로 올라갔다.
"흙으로 덮은 산소에서 할머니는 어떻게 숨을 쉬지?"
"할머니는 왜 말을 안 해?"
할머니가 답답하겠다고 혼자 중얼거리고 있었다.

며칠 뒤 추석 대보름 밤에 아들은 외할머니 등에 업혀 환하게 밝은 달을 보고 있었다.

"할머니, 달이 깨지면 어떡해?"

"글쎄다…."

직장에서 늦게 돌아오는 엄마이기에 유치원에 다니는 큰아들은 잠자리에서 곧잘 책을 읽어 달라고 했다. 며칠 전 읽어준 『한석봉』 책을 또 가져왔다. 책을 펴서 읽기 시작했다. 열심히 듣고 있었다.

"엄마, 손가락에 물을 찍어 벽에 글씨를 써보니까 금방 마르던데."

어린 한석봉이 가난하여 종이에 붓으로 글을 쓰지 못하고 손가락에 물을 찍어 글씨를 썼다는 이야기를 기억하여 흉내를 내본 모양이다.

초등학교에 입학한 해였다. 아빠가 퇴근길에 강아지 한 마리를 얻어 왔다. 이사 온 강아지가 마당에서 놀고 있는 새끼 오리 두 마리를 잡아먹었다. 갑작스러운 일이라 놀랐다. 큰아들은 죽은 오리가 불쌍하다고 눈물을 글썽이며 집 주위 마당을 돌면서 마음을 달래고 있었다. 작은아들도 시무룩해 있었다. 저녁 어둠이 짙어지는데도 오리 생각뿐이었다. 서글픈 마음을 위로해야 할 것 같았다.

"오리는 죽으면서 형아에게 잘 있으라고 했을 거야. 오리는 나쁜 일을 안 했으니까 천당에 가서 아름다운 꽃들과 친구 오리들과 같이 잘 살 거야."
"엄마, 형아에게 몸 튼튼하고 공부 잘하라고 했어?"
"그럼."
아들의 머리를 쓰다듬어 주었다.

큰아이의 3학년 때 모습이 일기장에 있었다.

나는 참 고민이 많다. 천당과 지옥 때문이다. 나는 천당과 지옥이 과연 있느냐 없느냐가 문제다.
처음에는 죽는 것이 그냥 자는 것 같은 느낌이 드는 것 같았다. 그런데 천당과 지옥이 있을 것 같아 두려워하고 있다. 세계의 위인 에디슨, 나폴레옹, 퀴리 부인, 요한 슈트라우스, 슈베르트 등 많은 사람은 어디에 있는지 모르겠다.

작은아들의 추억이 또 기다리고 있다. 이 집에서 그 애가 다섯 살 때이다. 저녁에 혼자 가게에 가려고 현관문을 여니 어둠이 짙게 물든 하늘이 눈에 들어왔다. 무서운지 겁이 많은 아들은 조용히 물었다.
"엄마, 별하고 귀신이 싸우면 누가 이겨?"
"별이 이기지."
힘차게 말했다. 안심되었는지 골목 밖으로 뛰어가는 소리가 들렸다.

그때만 해도 갑자기 저녁에 정전이 되는 날이 있었다. 온 집 안이 캄캄해졌다.
"별이 죽은 모양이야?"
작은아이는 눈을 동그랗게 뜨고 물었다.
"불이 나간 거란다."

라디오에서 베버의 「마탄의 사수」 서곡이 호른을 통해 비감하게 흘러나오고 있었다.
"교회 노래가 왜 나오지?"
갑작스러운 질문에 놀랐다. FM 라디오 음악 방송에서 찬송가가 나올 리 없다. 막내 녀석이 교회 다니기 시작한 지 얼마 되지도 않았는데 어른 찬송가를 안 것이 신기했다.
1821년 작곡한 베버의 「마탄의 사수」 서곡에서 호른이 연주하는 앞부분 곡을 1862년 조셉 홀브룩이 「내 주여 뜻대로」라는 찬송가로 옮겼다. 찬송가 가사에도 숨은 사연이 있었다.
독일의 루터교 목사인 베냐민 슈몰크(1672~1737)가 이 찬송가의 작사자이다. 1704년 부부가 심방을 갔다 돌아오니 집은 불에 타 없어지고 어린 두 아들은 숯처럼 까맣게 타 죽었다. 절망 앞에 겟세마네 동산에서 기도하는 주님의 환상이 보였고 이때 「내 주여 뜻대로」 시를 신앙고백으로 썼는데 후에 곡이 붙여져 찬송가로 불리게 되었다.

작은아들이 3학년 때 지은 시 한 편이 눈에 띈다.

눈 속에 핀 꽃//눈 속에 핀 꽃은 하얀 꽃/눈 녹아 핀 꽃//눈 속에 핀 꽃은 마음 좋은 꽃/하얀 마음 모여 핀 꽃//눈 속에 핀 꽃은 겨울에만 피는 꽃/지난겨울 눈사람이 씨 뿌려 핀 꽃

가까운 곳인데도 골목 안에 들어앉은 동네라 자주 가지 못했다. 아이들이 어렸고 나도 젊은 시절을 보낸 내 집이 있던 곳인데 처음 가는 동네처럼 낯설었다. 영글지 않은 여린 목소리가 여기저기서 울려 나오는 듯했다. 달음질치는 어린아이들의 모습도 보이는 듯했다. 우리 아이들이 피아노 배우러 다니던 집 앞에 서니 형제가 치던 「젓가락 행진곡」이 들리는 듯했다. 골목 안은 비어 있었다. 이 골목 안에서 놀던 아이들은 어디로 갔을까? 그때의 집들도 다시 손질되거나 새로 지어져 알 수 없는 집으로 변했다. 예전의 모습이 드러나는 집 앞에서는 오랜 친구를 만난 듯 반가웠다. 그때 친구를 만나면 얼마나 반가울까? 머릿속에는 추억만 가물거리고 있었다. 아이들이 살던 동네에서 발걸음이 떨어지지 않았다. 아들이 어느 친구 집 앞에 섰다.
"여기 이 대문을 보세요. 아이들과 장난하다 돌에 긁힌 흠집이 그대로 남아 있어요."
놀던 장면을 떠올리는 듯 빙긋이 웃었다.

목화솜 꽃송이

화사한 봄 4월, 여덟 살에 초등학교 입학을 했다. 매일 동네에서 아이들과 놀다 호기심과 설레는 마음으로 엄마 손을 잡고 학교 문에 들어섰다. 아이들이 몰려 있는 운동장의 놀이터에 눈길이 갔다. 빙글빙글 돌아가는 뺑뺑이에 올라탄 아이들은 너울너울 춤을 추고 있었다. 나도 호기심에 올라탔다. 내 몸이 돌면서 어지럽고 매스껍기 시작해 계속 탈 수가 없었다. 이날 이후 뺑뺑이 놀이는 어린 시절 큰 공포의 대상이 되었다.

교실에서 공부하기 전에 운동장에서 줄 서는 연습을 했다. 처음 보는 옆에 선 친구와 수줍게 말을 텄다. 네 이름이 뭐냐고 물을 줄은 아직 몰랐다. 교실에서 이름 쓰던 생각이 떠오른다. 노트 한 장에 이름을 똑같이 반복하여 쓰다가 싫증이 났을까? 내 이름 '영'을 '요ㅇ'이라 눕혀 쓰면서 재미가 났나 보다. 재미도 순간, 선생님은 네 이름이 무엇이냐고 물었다. 내 이름이 갑자기 몽롱해졌다. 글씨는 내 맘대로 쓰는 것이 아니라는 놀라운 경험을 했다.

학교생활은 잠시뿐 한글도 깨우치기 전에 6.25 전쟁이 일어났다. 인민군이 학교에 들어와 총을 들고 여기저기 둘러서 있었다. 학교는 문을 닫았다. 고향이 개성인 부모님은 남쪽에 시골 친척이 없어 당장 집을 떠나 피난 갈 만한 곳이 없었다. 머리 위에서는 낯선 비행기의 굉음 소리가 들렸고 파편이 장독대에 떨어지며 쨍-앵 예리한 금속성 소리를 냈다. 저녁이 되면 창문으로 전등 불빛이 샌다고 휘장을 치라고 한 말이 기억에 남은 걸 보면 '커튼'이란 외래어가 생기기 전인 것 같다. 검은 천으로 가린 것 같다. 지금은 복개천이 된 마포경찰서 근처에 있던 '노깡'에 가서 숨으라는 통보가 오기도 했다. 노깡이란 단어는 무슨 뜻인지 모르면서 그때 듣던 말로 그 후 내 입에 올려본 적이 없어, 맞는 발음인지 잘 모르겠다. 난 생소한 이 말에 관해 한 번도 물어본 일이 없는 이유를 지금도 모르겠다.

어느 날 갑자기 인민군의 앞잡이가 된 젊은 청년이 팔에 완장을 두르고 이 집 저 집 다니면서 군인, 교사, 경찰 등 체포할 인물들을 빨갱이에게 고자질했다. 아니 지금도 귀에 생생한 '찔렀다'라고 말했다.

그들은 경찰서로 끌려갔고 밧줄에 매달려 매를 맞는다는 소문이 들려왔다. 아버지도 붙잡힐까 염려되어 화장실 발판 널빤지를 뜯고 그 속에 들어가 숨는 수난을 경험했다.

1.4 후퇴로 전세가 짙어지면서 피난길을 서둘렀다. 한강 다리는 끊기고 강나루 어디쯤에서 배를 타기 위해 가족과 함께 줄을

섰다. 한 가족이 같이 다니면 아버지가 위험해 따로 피난을 떠났다. 나룻배에 몇 명씩 앉아 강을 건넜다. 언제 폭격이 쏟아질지 모르는 시기에 자신은 피신하지 않고 뱃일을 한 사공에게 고맙다는 말 한마디 못했다. 지금도 한강을 바라보면 그때 뱃사공의 순박한 모습이 떠오르곤 한다.

태어나서 처음으로 정처 없이 먼 길을 매일 걸으면서도 다리 아프다고 투덜거리지 않았다. 힘없는 하얀 행렬의 1.4 후퇴 피난길 위에서 1학년의 긴 겨울방학은 끝이 보이지 않았다.

서울을 떠나 며칠이나 걸었는지 피난길에서 다소 떨어진 하얀 눈밭에 한 번도 본 일이 없는 검은 가지 위에 달린 하얀 것이 눈에 들어왔다.

"엄마, 저기 까만 가지 위에 달린 하얀 것이 무어야?"

"그건 목화꽃이 지고 난 다음 생긴 솜이란다."

엄마의 대답에 놀랐다. 꽃 핀 자리에서 푹신푹신한 솜이 생기다니. 어린 눈에 솜은 식물에서 저절로 생길 것 같지 않았다. 공장에서 만들 것 같았다. 추운 피난길에서 흰 솜 송이에 웬 호기심이 생겼을까? 이불 속에 들어 있는 하얀 솜을 나뭇가지에서 처음 보았다. 솜을 따서 만지작거리고 싶었다. 피난길을 따라가느라 솜송이는 점점 눈에서 멀어지고 있었다.

끝없는 길을 따라가다 날이 저물고 길가 빈집이 보이면 피난민은 방으로 몰려 들어가 자리를 잡았다. 엄마가 만든 주먹밥으로 끼니를 챙기고, 피난 떠난 주인집 김장독에 김치라도 있으면 별미처럼 꺼내 먹었다. 밤이 되면 피난민들은 옷을 입은 채 웅크리고 새우잠을 잤다. 모르는 사람끼리 한 방에 몰려 하룻밤을 보냈다. 며칠을 걸었는지 모른다. 인파 속에서 이산가족이 되어 서로를 찾아 헤매던 아찔한 순간도 겪었다. 어떤 사연으로 다시 만나게 되었는지 아득히 지난 일이 되었다.

피난지 초가집에서 셋방을 얻어 살게 되었다. 피난하느라 긴 휴학 기간을 지내고 학교에 다니게 되었다. 석 달도 채우지 못한 학력으로 2학년 중간 학기에 들어갔다. 출석을 부르면 '야' 하는 충청도 현지 학생 대답과 '네' 하는 서울 피난 학생 대답이 엇갈렸다. 신학기부터 등교한 게 아니므로 교과서도 받지 못해 숙제도 못 해갔다. 남들은 읽는 국어 교과서의 한글을 읽지 못해 마음이 조마조마했다. 전쟁이 준, 잊을 수 없는 교육의 상처가 깊게 찍혔다.

초등학교 2학년의 첫 겨울방학은 충청도 피난처에서 지냈다. 눈이 하얗게 덮인 집 옆 밭에서 빨간 홍당무를 뽑아 한입 잘라 먹는 주인집 아이를 신기하게 바라보던 기억이 지금도 잊히지 않는 빨간 잔상으로 남아 있다. 그 후 목화꽃송이는 다시 볼 수 없었다. 어느 봄날 친구 따라 산에 갔다가 진달래꽃 따 먹는 것을 보고 맛도 모르고 먹었다. 진달래꽃은 다시 따 먹지 못했다. 얼마쯤 지났을 때 다른 간식이 생겼다. 하굣길에 서 있는 뽕나무 열매 오디를 보고 친구들 하는 대로 따 먹었다. 군것질이 귀한 시기라 입술이 시꺼멓게 물들도록 먹곤 했다. 그 뒤로 오디는 좋은 간식이 되어 매일 뽕나무 밑에 멈춰 섰다. 밭에서 캐어 먹던 단맛 나는 올방개도 친구에게 배운 군것질 중 하나다. 서울에서 먹지 못하던 간식거리들이 고정 메뉴가 되고 있었다. 서울에 돌아오면서 이들의 추억은 향수병이 되었다.

피난길에서 하얀 솜 송이를 본 후 70여 년이 지났다. 시간의 정이 두텁게 묻은 하얀 목화솜 송이를 보면 눈에 손이 올라간다. 오랜만에 만나는 솜의 추억이다. 가끔 꽃꽂이 소재로 가게에 걸려 있는 솜 꽃송이 모습을 본다. 그냥 스쳐 지나지 못하고 얼굴을 돌려 목화솜 가지에 한 번씩 시선을 맞추고 지나게 된다.

지난봄 손녀딸이 학원에서 목화 나무 분재를 한 그루 받아 왔다. 내 손으로 목화꽃을 피워보고, 하얀 솜 송이 만져보는 꿈을 꾸게 하려나 보다.

대를 잇는 목화솜 송이 사랑인가? 코로나 전쟁이 지루하다.

할머니의 사탕

"먹을 것 있으세요?"

깜짝 놀랐다. 출근길 지하철 안에서 머리를 수그리고 책을 읽다 생소한 목소리에 놀라 묻는 말에 대처할 준비가 늦었다. 평소에 먹거리를 가방에 챙겨 넣고 외출하는 일은 거의 없다. 먹을 것이 없다는 의식이 감지되었을 때 이미 청년은 옆 사람 쪽으로 옮겨 간 다음이었다. 좀 늦게 가방에 있는 초콜릿 한 개와 사탕 몇 개가 생각나면서 지갑에 들어 있는 지폐 몇 장이 떠올랐다. 카드를 갖고 다니니까 잔돈 몇 푼 외에 현금을 별로 넣어 다니지 않는다. 돈 좀 달라는 말 대신 먹을 걸 찾았을지 모르고, 실지로 배가 고팠을지도 모른다. 빵이라도 있어 손에 듬뿍 쥐여 주었으면 뿌듯했을 텐데….

전후에 경제 사정이 안 좋았을 때 먹을 걸 동냥하는 일을 자주 보았다. 지금도 끼니를 결식하는 일은 계속되고 있다. 1982년 미국의 뉴욕 지하철 입구에서 걸인이 구걸하는 걸 보고 천국에도 걸인이 있을까? 의문이 들었다. 내가 받은 질문 중에 "먹을 것 있으세요?"란 말은 처음 들은 말이다.

  지난달 경기도에 있는 화정동으로 이사를 했다. 서울에서 태어나 6.25 전쟁으로 충청도에 피난 가서 휴전될 때까지 살았고, 한때 수련의 시절 의무적으로 무의촌 파견 6개월 근무 기간을 경상도에서 지낸 일, 종합병원 근무 중 2개월 연수차 뉴욕에 체류한 기간을 빼고, 서울을 떠나 살아본 일이 없다.

  이제껏 서울에 살면서 이사 후 길을 몰라도 어림짐작으로 헤아렸지, 헤매는 정도까지는 아니었다. 은퇴는 했어도 일주일에 몇 번의 출퇴근을 해야 하니 지하철역까지의 거리는 알아야 했다. 이삿짐 정리와 출퇴근으로 집에 있는 시간이 부족하여 동네 길을 익힐 짬이 좀처럼 나질 않았다. 어디를 가려면 목적지까지 시간을 따져보고 떠나지만 그래도 실수가 생긴다. 이사 전 출근 때는 지하철을 세 번씩 갈아타며 다녔고 지금은 한 번에 오지만 실상 거리는 꽤 멀어졌다. 거리에 비하면 갈아타지 않아 시간은 이득이 되지만 한 시간 넘는 긴 출근 시간에 소일거리가 과제이다. 새벽잠이 부족하면 지하철 안의 좌석은 열린 침실이 된다. 눈만 감으면 재빨리 잠이 든다. 버스, 승용차, 택시의 경우 흔들리는 리듬이 잠을 재촉한다고 생각될 때가 있었는데, 별로 흔들리지 않는 비행기에서도 눈만 감으면 잠이 잘 온다. 차 안 어디서나 의자에 앉고 눈만 감으면 잠이 온다.

  많이 피곤한 날은 한 시간 이상 잤다 깼다 하면서 근무지에 도착한다. 아침에 잃은 잠시간을 차 안에서 만회하는 셈이다.

가뿐한 기분으로 병원에 들어섰다. 가운을 갈아입은 후 손을 씻고 진료실로 나왔다. 연세가 있는 할머니 환자가 내 앞에 앉았다. 나이가 들어가면서 나도 모르게 고령 환자에게 마음이 더 간다. 환자들이 앓고 있는 눈병에 관해 설명하는 시간이 길어지고, 눈병뿐 아니라 다른 질환이 눈에 띄어 설명을 추가하면 자세히 알려주어 고맙다는 말로 답례를 한다.

환자들에게 안약 넣는 시늉을 시키면 코 옆에 있는 눈물 내려가는 하수구에 안약을 넣는 모습을 간혹 본다. 안약이 눈에 머무는 시간보다 빨리 눈, 코에 있는 눈물 하수관을 통해 목으로 흘러내려 간다. 그보다는 머리를 들고 아래 눈꺼풀 가운데를 열어 안쪽 불그레한 부분과 연결된 흰자위 사이에 안약을 한 방울 넣고 2분간 눈을 감고 있다가 다시 뜨라고 일러 주었다. 이렇게 점안하면 분실되는 안약이 적다. 처음 알았다고 기뻐하며 웃는다. 내가 아는 사소한 것을 교환하며 작은 마음을 나누는 일이 즐겁다. 몇 마디 말 인심에 닫힌 마음이 활짝 열린다.

낯익은 환자가 들어왔다. 검사 기계 앞에 앉은 환자는 눈 검사를 하는데 기계 테이블 밑에 손을 넣고 비닐봉지를 만지작거리며 부스럭 소리를 냈다. 검사가 끝나 갈 때 할머니는 봉지를 내 앞에 내밀면서 손에 쥐여 주었다. 여든이 넘은 수척한 의료보호 환자 할머니이다. 항상 혼자 내원한다. 올 때마다 여러 날 모은 듯 이

것저것 섞인 여러 종류의 사탕을 한 뭉치 꾸깃꾸깃한 봉지에 담아 갖고 온다. 옛날 우리 할머니들이 하던 모습을 닮았다.

"할머니, 사탕은 왜 또 사 왔어요?"

할머니의 선물을 간호사에게 주면서 심심할 때 먹으라고 했다. 이 할머니는 여유가 있어 사 오는 게 아닌데, 안쓰러웠다. 마음은 알지만 단호하게 거절하고 싶었다.

말을 살짝 꾸며야 할 것 같았다.

"제가 당뇨병이 있다고 단것을 먹지 말래요."

할머니는 봉지를 챙기며 씁쓸한 표정을 지었다.

"할머니, 선물 감사했어요. 이제는 마음에 부담 없이 치료만 받으세요."

달콤한 사탕을 사다 주시던 어릴 때 할머니가 살아오셨나? 마음이 짠하다.

엄마의 묵은 노래

남편이 운전하는 차를 타고 집에서 멀지 않은 행주산성 나들이를 떠났다. 한여름의 뜨겁던 열기는 조금씩 식어가고 길가의 가로수 이파리들은 뜨문뜨문 노란색 새치를 흔들고 있었다. 시야 가득 채우는 회색빛 빌딩 숲이 주는 답답한 느낌 대신, 산과 들의 녹색 나무와 풀들 너머로 훤히 트인 하늘과 넓은 대지가 그려주는 여백이 시원하다.

라디오에서 「푸른 잔디」 노래가 어린이의 음성으로 들려왔다. FM에서는 주로 클래식 음악이 나오는데 이 시간에 선곡된 동요를 듣는 일이 경이로웠다. 한참 잊고 살아 먼 곳에서 들려온, 어린 시절 친구를 만나는 낯선 반가움이었다.

풀냄새 피어나는 잔디에 누워/새파란 하늘과 흰 구름 보며
가슴이 저절로 부풀어 올라/즐거워 즐거워 노래 불러요

오랜만에 따라 불러본 동요이다. 이 한 곡이 내 몸과 마음에 스며들어 나를 열 살 또래의 어린아이로 바꾸어 주고 있었다. 우

리 어린 시절은 유치원이 동네 가까이 있지 않았다. 동네에서 아이들이 옹기종기 모여 놀며 아래윗집 친구들을 불러 놀던 때이다. 나이가 같지 않아도 함께 어울려 놀았다. 언니나 오빠가 학교에서 배운 것을 동네 동생들에게 가르치고 배우면서 놀았다. 노래나 놀이는 동네 길거리 학교에서 배웠다.

대여섯 살 때 동생과 놀면서 좋아하는 동요를 불렀다. 심심할 때는 알고 있는 동요가 가물가물할 때까지 계속 불렀다.

「나비야」「산토끼」「학교 종」「고향의 봄」「오빠 생각」「꽃밭에서」「과수원 길」…. 일본말을 모르는 유아기지만 「사쿠라」 노래도 귀로 익혔다.

6·25 전쟁으로 피난지에 정착하고는 친구와 놀이보다 개울에서 물고기 잡으며 놀거나 뽕나무에서 오디를 따 먹거나 보리밭에서 깜부기 먹는 것을 보면서 자연과 더불어 지내는 놀이를 즐겼다. 그때는 군것질 가게가 별로 없어 배가 고프면 흔히 볼 수 있는 나무와 풀을 갖고 놀면서 간식도 해결했다. 피난 학교에서 풍금 소리를 들은 기억이 까마득하다.

휴전되어 서울로 오면서 익숙했던 생활이 다시 낯설어졌다. 집 앞에서 흐르던 시냇물, 뽕나무, 황금 물결치던 논의 풍경, 초가집 지붕들도 보이지 않고, 출석 부를 때 들리던 '야' 하는 대답 소리도 들리지 않았다. 스르르 향수병이 스며들면서 새로운 변화를 익히기 시작했다.

6·25 전쟁 시기에는 동요를 별로 부르지 못했다. '아아 잊으랴

어찌 우리 이날을'로 시작하는 박두진 작사 김동진 작곡의 「6·25 의 노래」를 '6·25 기념식' 날에 불렀고, 유호 작사 박시춘 작곡의 '전우의 시체를 넘고 넘어 앞으로 앞으로'가 첫 소절인 「전우야 잘 자라」육군 군가도 어른이나 아이 모두 불렀다.

한 시간 공부가 끝나고 노는 시간이 되면 아이들은 운동장으로 뛰어나갔다. 술래가 양쪽에서 고무줄을 잡고 있으면 「퐁당퐁당」동요에 맞춰 고무줄에서 뛰는 유쾌한 놀이를 시작했다. 또 한편에서는 줄넘기 놀이를 했다. 가위바위보에 진 사람은 술래가 되어 서로 줄을 위아래로 흔들면서 「꼬마야 꼬마야」동요를 부르고 이긴 사람은 줄에 걸리지 않게 노래에 맞춰 춤을 추었다.

꼬마야 꼬마야 뒤로 돌아라/꼬마야 꼬마야 한 발을 들어라/
꼬마야 꼬마야 땅을 짚어라
꼬마야 꼬마야 손뼉을 쳐라/꼬마야 꼬마야 만세를 불러라/꼬마야 꼬마야 잘 가거라

이 놀이를 몇 번씩 걸리지 않고 지속하면 줄넘기 놀이의 꼬마 스타가 되었다. 운동장이나 마당은 아이들의 공연장이 되어 목청을 올려 노래를 불렀다.
엄마에게 배운 동요 「형제별」도 생각이 난다. 조금 구슬프게 부르셨던 기억이 있다.

날 저무는 하늘에/별이 삼 형제/반짝반짝 정답게/지내이더

니/웬일인지 별 하나/보이지 않고/남은 별이 둘이서/눈물 흘린다

85세 어머니 생신날이 떠오른다. 동생네 집에 형제가 모여 생일상을 차렸다. 난 엄마의 모습을 동영상에 담고 있었다.
"나도 찍어주세요."
엄마는 사진 찍는 것을 의식 못 하는지 가냘픈 목소리로 수줍게 웃으면서 말했다.
"엄마, 큰딸이에요."
"엄마, 「나비야」 노래 좀 불러보세요."
엄마 목소리를 녹음하고 싶었다. 엄마는 머뭇머뭇 웃기만 했다. 다시 동생들이 「나비야」 노래를 재청했다.

나비야 나비야 이리 날아오너라/호랑나비 흰나비 춤을 추며 오너라/봄바람에 꽃잎도 방긋방긋 웃으며/참새도 짹짹짹 노래하며 춤춘다

엄마는 웃으며 아이처럼 고개를 좌우로 돌리면서 「나비야」 노래를 즐겁게 불렀다. 빛바래지 않고 수십여 년 살아 있던 엄마의 묵은 노래가 깊은 곳에서 흘러나왔다. 오래 묵은 노래는 살아 있구나…. 엄마의 눈동자는 꿈을 꾸듯 먼 곳을 향해 있었다.

웃음이 무서운가요?

할머니들이 기저귀를 채울 때나 바지를 입지 않고 다니는 아기의 고추를 보면 귀엽다고 손바닥으로 들썩이는 모습을 보며 자랐다. 유모차가 없던 시절 대개 아기들은 업혀 있거나 품에 안겨 있었고, 아이는 생기는 대로 많이 낳던 때라 아기의 울음소리도 골목 밖에서 흔하게 들었다. 대문 열고 나오면 앞집 옆집 동네 아이들은 나이 구분하지 않고 어울려 잘 놀았다. 노래를 아는 누군가가 앞장서서 놀이를 만들어가고, 튀는 아이 없이 따라서 모두 흥겹게 지냈다. 언니가 없는 난, 동네 언니 등에 업히는 따뜻함이 좋았고 땅만 밟고 다니다 등에 올라갔을 때 느끼는 낯선 높이 감각에 섬뜩한 적도 있었다. 시합하는 느낌이 나는 줄넘기 놀이에서 잘하는 아이들을 보며 부러워했다. 다섯 개 돌로 숫자도 익히며 단둘이 즐길 수 있는 손가락 재롱인 공기놀이는 어린 시기에 적합한 손과 뇌의 유희가 되었다.

맏딸이지만 할머니가 계셔서 나는 늦게 어린 동생을 업거나 안아보았다. 심심할 땐 대여섯 살 막냇동생 손을 잡고 친구 집에 놀러 다녔다. 나이가 고만고만한 형제가 많아서 한 집안에서 티격태격 다툼도 흔했다. 집안에서 실전(?)을 심심찮게 연마한 탓인지 밖에서는 친구들과 별로 다투지 않고 잘 지낼 수 있었다.

형제가 많은 우리 집 안방 문에 바른, 국화 꽃잎이 피어 있는 창호지는 성한 채로 며칠 가질 못하고 찢어진 잔구멍이 빈번하게 생겼다. 언니와 함께 딸 둘만 사는 친구 집에 놀러 간 일이 있는데 흰 창호지가 도배한 첫날처럼 깨끗했던 기억이 지금도 아름답게 남아 있다.

차츰 세월이 지나면서 한 집안의 아이들 수가 줄기 시작했다. 집 밖에 나와 노는 아이들도 뜸해졌다. 큰 길거리에는 자동차들이 늘어나고 동네 집 앞 아이들의 놀이터도 주차장이 차지했다. 골목 안은 조용했다. 재잘거리던 아이들 소리가 멀어졌다. 업히거나 안고 다니던 아기들이 이제는 유모차에 타고 있었다. 아기 업을 때 사용하던 처네는 자리를 잃어갔다. 유모차에 누워 자는 아기보다 처네에 업혀 엄마와 따뜻한 체온을 나누는 아기가 더 포근해 보였다. 두 아이 키운 처네를 버리지 못하고 이불장에 배내옷과 같이 오랫동안 보관했다. 신형 처네가 나와 아빠들이 아기를 앞으로 업고(?) 있는 모습을 볼 수 있다. 아기를 업고 키우지 못한 아빠의 자녀는 아빠가 되어 아기를 감싸 안고 키우며 어떤 느낌을 주고받을까?

가끔 유모차에 타고 있는 모르는 아기가 귀여워 얼러주는 일이 있다. 아이 엄마와 함께 따뜻한 웃음을 짓고, 지난날을 회상하느라 뒤를 자꾸 바라본다. 젊은 엄마로 돌아가 어린 내 아기를 보고 있다. 길거리에서 잠시 꿈결처럼 즐거운 추억에 잠긴다.

　세월이 지난 어느 날 유모차에 타고 있는 아기가 예뻐 손을 흔들어 주며 웃었다. 엄마는 쌀쌀하게 거부하는 표정을 지었다. 깜짝 놀랐다. 처음 받은 냉대였다. 내가 왜 혐오감을 주었을까? 알 도리가 없다. 유괴범으로 비쳤을까? 조심해야겠다. 예뻐할 자격도 승인을 거쳐야 하나 보다. 사랑도 인색해지고 있다. 사람 사이에 울타리가 쳐지고 있었다.

　백화점 식당에서 점심 식사 중이었다. 엄마, 아빠와 네댓 살 아기가 앉아 있었다. 부모는 자신의 이야기에 집중했고 아이는 밥을 제대로 먹지 않고 있었다. 마주 보는 위치에 있는 아이에게 손으로 밥 먹는 시늉을 했다. 손짓을 알아차린 엄마는 달갑잖은 표정을 지었다. 살짝 웃고 아이에게 밥을 먹이면 어떨까? 우리 세대의 경험과 정서 사이에 간격이 생겼다. 주위의 시선과 교감하지 말고 차가운 듯 무심해야 한다. 마음이 아파진다. 선한 마음이 굳어가고 있다.

　종합병원이나 은행에 가면 상담자에게 '폭언 금지 경고판'이 붙어 있다. 언제부터 붙었을까?

　수십 년 전 미국에서 우리나라 할머니가 아기의 고추에 하던 손버릇대로 들썩이다 성추행 논란이 벌어졌다는 이야기를 듣고 의아해하던 일이 생각난다. 그때는 성추행 개념이 민감하던 시절은 아니다. 귀엽다는 손짓을 했다고 추한 가해자가 되리라고 생각이나 했을까?

사십여 년 전, 뉴욕에서 길을 가다 맞은편에 오는 사람과 눈을 마주친 적이 있었다. 미소를 짓고 있었다. 누구를 보고 웃나 내 주위를 둘러보았는데 다른 사람은 없었다. 나를 보고 웃는 것이 틀림없었다. 우리의 습관은 이유 없이 잘 웃으면 실없는 사람이라고 불릴 때이다. 특히 여자가 잘 웃으면 헤픈 여자라고 여겼다. 후에 알고 보니 이민자가 많은 사회에서는 말이 잘 통하지 않으므로 원만하게 지내기 위해 많이 웃고 지낸다고 했다.

낯선 웃음 사건 후 몇 년이 지나 혼자서 보스턴 미술관의 명화를 감상하고 있었다. 우연히 모르는 관람객과 마주친 눈빛이 만든 미소는, 말 한마디 못한 하루의 외로움을 풀어주었다. 몇 마디의 말보다 행복했던 고마운 미소의 추억이다.

2007년 앙코르와트에 여행을 갔다. 특이한 그곳 유적보다 아이들이 동생을 업거나 안고 있는 모습이 먼저 눈에 들어왔다. 이곳의 첫 유적인 잊었던 선물을 받았다. 오랜만에 보는 정겨운 아이들, 지난날 우리의 모습인가? 말도 통하지 않는 그 아이들은 자기보고 웃기만 하는데 함께 따라 웃었다. 우리도 한때는 그랬었다. 그 미소가 그리웠다. 손에는 일 달러짜리 장난감 팔찌가 서너 개 들어 있는 작은 바구니를 쥐고서, 밀가루처럼 보드라운 마른 진흙에 누워 뒹굴고 있었다. 앵벌이와 어리광 놀이까지 모두 즐기고 있었다.
　6·25 전쟁 시절의 아픔이 스쳐 갔다.

　며칠 전 넷째 막내 아이를 전통 처네로 업은 엄마가 일곱 살 장남의 눈이 아프다고 병원에 왔다. 다행히 눈에 큰 병이 없어 주의할 이야기만 해주었다. 업힌 아기가 눈에 들어왔다. 유모차에 타지 않고 따뜻한 엄마 등에서 방실거리고 있었다. 엄마와 아기는 따뜻하리라.
　"까꿍, 예쁜 아가야, 안녕."
　엄마도 함께 웃었다.

고향 그리기

∞

　퇴근 시간이 가까워지면 몸과 마음이 나른해진다. 집으로 향하는 길에 만나는 노을 놀이가 일품인 서쪽 강변의 풍경이 눈의 낭만을 불러, 운전 안 하는 변명으로 삼았다면 게으름의 미학이 될까?
　그날도 택시를 탔다. 이렇다 할 목표건물이 마땅하지 않아 '서강초등학교 지나서'라고 말하면서 그 학교의 소재를 아는지 확인하는데 기사가 큰 소리로 웃는다. 이 웃음은 자신이 그 학교 출신임을 긍정하는 뜻이거나 초등학교 명칭까지 다 알 수 있느냐는 어이없는 웃음이 될 수도 있다. 그는 우연히도 서강초등학교의 졸업생이었다. 서강에서 유년기를 지낸 사람이었다. 나도 마포구 공덕동에서 태어나 이웃한 동네에서 지냈으니 한 고향 사람이다. 서울이 고향인 사람은 자연과의 추억이 풍성하지 못하고, 고향 그곳에서 번지수만 달리하여 살다 보니 애틋한 향수에 젖을 일이 드물다.

이제 나이 들어가며, 이사 다닌 집들과 동네에 대한 그리움이 고향으로 자리 잡기 시작했다. 강변도로를 달리며 기사는 밤섬에서 즐겁게 놀며 고기 잡던 어린 시절 일을 들려주었다. 말로만 듣던 밤섬이 어디쯤 되나 목을 늘여 잡초가 무성한 섬이 있는 한강 쪽을 바라보았다. 한강 개발로 밤섬의 주민들은 서강으로 이주했고 아이들은 대개가 서강초등학교에 다녔으며 서강 사람들의 성격이 소박한 편이라고 했다.

내가 아는 서강에 관한 정보 대부분은 서강을 지나는 출퇴근길에 택시 기사들에게 들었다. 서강 사람들은 이사를 잘 안 다녀 3대째 같은 집에서 사는 주민들이 꽤 있고 동네 이웃과 친척처럼 지낸다고 했다. 기사는 한강 백사장의 모래가 좋았다고 하는데, 나는 어릴 적에 한강에서 멀지 않은 곳에 살았으면서도 한강에 별로 나가지 못해 공감이 잘되지 않았다. 기억나지 않는 얘기이지만, 백일 지나서 엄마가 떠준 하얀 털실 모자를 쓰고 엄마 품에 안겨 처음으로 한강 뱃놀이에 나갔다고 한다. 네댓 살 때인가 친척 오빠 등에 업혀 한강에 놀러 가서 종이 깃발이 줄에 매달려 휘날리는 것을 본 어렴풋한 기억과 한강 근처에 사는 친구 집에 갔다가 더위를 피해 한강 둑에 앉아 얘기하던 기억이 전부다.

한때는 여름에 한강에서 뱃놀이도 했고, 연평도와 인천에서 조기와 새우를 실은 배가 들어 왔다고 한다. 원효로 쪽에서 마포대교 입구로 오기 전에 있는 등대를 아느냐고 기사가 물었다. 사실 늘 지나다니면서도 도로 면보다 아래 있는 한강 둔치 나무 사이에서 보일 듯 말 듯 서 있는 흰 등대를 유심히 바라보지 않았다.
기사는 강에 있는 등대는 이것뿐이라고 힘주어 말했다. 아직 부서지지 않고 서 있는 폐물 같은 등대지만 한때는 불을 밝힐 정도로 선박의 왕래가 성행했음을 말해주는 듯했다.

당인리 발전소를 향해 가다 보면 강변도로가 급하게 굽어지는 곳에 돌벽과 시멘트로 지은 건물이 있는데 지금은 창문 사이로 형광등 불빛이 새어 나와 사람이 사는 곳처럼 보인다. 몇 해 전만 해도 남루하게 먼지만 덮인 회색빛의 이곳은 창고인지 공장인지 구분이 되지 않았다.

허름한 이 건물에 빛바랜 시간, 안개빛 우수, 한적한 정서를 물들여 화폭에 옮기고 싶은 의욕을 느끼기 시작한 것은 지나다니면서 정이 든 다음의 일이다. 곡면으로 둥그스름한 돌벽의 건물이 헌 옷을 입은 듯 바라보기에 편하고 무언가 숨겨진 비밀이 있는 것처럼 신비롭게 느껴져 이끌리게 되었다. 언젠가 늙수그레한 기사에게서 이 건물이 한강에 배가 드나들던 때 생선을 저장하던 얼음 창고였다는 말을 듣고 놀랐다. 밖에서 건물의 겉만 보면 냉장고가 여러 개 들어 있지 않으면 생선 보관소가 될 것 같지 않았다.

택시 기사는 어릴 때 이곳에 들어가 놀면 여름에도 으슬으슬 서늘했다고 회상하면서, 안벽이 돌로 되어 있었다고 했다. 이 건물에 대해 백과사전 같은 상식이 많은 기사를 언제 다시 만나면 건물의 명칭, 건립 연대 등 의문이 더욱 풀리리라 기대가 된다.

초등학교 이야기를 하다가 기사는 유진오의 「창랑정기滄浪亭記」를 배운 적이 있느냐고 물었다. 배운 기억은 없지만 서재 책꽂이에 꽂혀 있는 한국 단편 문학 전집 중 「창랑정기」가 있어 알고 있다고 했더니, 「창랑정기」에 나오는 모델 집이 서강에 있다고 했다. 순간 내 귀를 의심했다.

토머스 하디가 쓴 『테스』의 배경이 되는 영국 시골 마을, 『폭풍의 언덕』의 괴팍한 히스클리프가 살던 세찬 바람과 눈보라 치던 집, 이효석의 「메밀꽃 필 무렵」의 평창 마을 등 먼 이야기만 같은 명작의 고향 배경이 가까운 곳에 있다니 얼마나 즐거운 일인가? 명작이 있는 고장은 꿈과 낭만으로 본래의 모습보다 아름다운 의상을 입는다.

유년기에 놀러 간 창랑정은 깎은 듯, 집 담벼락 아래로 한강물이 흘렀고 그곳에서 한 아씨를 만나는 이야기를 적은 글이란다. 내가 이 글을 왜 진작 읽지 못했을까? 갑자기 창랑정이 어디인가 궁금해졌다. 순간 창랑정이라면 짐작되는 곳이 떠올라, 지나가다 그곳을 알려달라고 했다. 나의 마음이 왜 이렇게 설렐까?

역시 당인리 발전소 부근 강변도로 언덕에 봉황새 그림을 그린 작은 누각 문 뒤로 고풍스러운 기와집 몇 채가 모여 있는 집을 가리켰다. 주변에는 산골 동네에 피는 분홍매화 꽃나무들이 군데군데 있어 마치 시골 동네 집을 삽으로 떠서 이곳으로 모종한 듯 주변과 잘 안 어울리는 풍경이었다. 창랑정의 담 밑으로 한강 물이 출렁대던 집이 강변도로에 깎이어 나가 남은 부분이 본래의 모습을 잃고 어색한 집이 된 것은 아닐까 상상해 보았다. 강변도로에서 창랑정을 바라보면 돌아앉아 있어 정면이 궁금해진다. 이왕이면 창랑정 모델 집까지 데려다 달랠 걸 그러지 못하고 집으로 발길을 돌린 걸 후회했다.

「창랑정기」를 단숨에 읽고 싶은 조급함 때문이었다. 서정이 풍부한 서강 토박이 택시 기사와 서강 주변의 강변도로를 달리면서 나눈 서강의 삶이 담긴 이야기는 작은 풀잎들의 떨림처럼 잔잔하게 남아 있다. 지금도 서강 어디엔가 신비스러운 곳이 있지 않을까 두리번거린다.

'나는 쓰지 않으면 안 되는가?'

한글 공부는 이름 쓰기부터 시작했다. 4월에 아현초등학교에 입학, 6·25 전쟁이 일어나 3개월 만에 1학년 수업은 끝이 났다. 서울에서 6개월간 전쟁을 피해 숨어 살다 1.4 후퇴 때 걸어서 충청도에 도착, 휴전까지 피난민으로 정착했다.

정기적으로 배우지 못해 한글 터득이 늦었다. 휴전되어 3학년 2학기에 서울로 전학했고, 5학년이 되어 김혜숙 담임선생님께 처음으로 글짓기를 잘했다는 칭찬을 두 번 들었다. 국어 시간에 글짓기 한 것과, 친구 집에 놀러 갔다 친구의 일기를 대신 써주었는데 그 친구가 칭찬받은 일이었다. 글짓기 칭찬으로 글쓰기 인식의 작은 새싹이 움텄다. 동화 잡지에서 맘에 드는 글을 추려 조그만 노트로 책을 만들어 친구들과 나누어 읽으며 어린이 이야기에 흥미가 생겼다.

중학교 1학년 국어 시간에 「오월과 나」 글짓기를 했다.

모란과 같이 향기가 없는 꽃도 땅속에 향수를 뿌려주면 꽃이 필 때 향기를 풍길 수 있을지 궁금하다. 내가 크면 알게 될까?

김두원 국어 선생님은 내 글을 뽑아 처음부터 끝까지 읽어주며 끝부분 구절은 장차 그 분야에서 일할 것을 암시한다고 놀라운 예언을 찍으셨다. 가슴 떨리던 기억이 생생하다.

음악 듣기 좋아하는 아버지는 내가 중학생이 된 후 라디오에서 클래식 음악이 나오면 이 곡은 누구 작곡, 무슨 곡이라고 가르쳐 주고 후에 그 음악이 나오면 퀴즈를 내서 물으셨다. 언제까지 지속했는지 모르지만 나도 이 퀴즈를 동생들에게 되풀이했다. 음악은 작은 취미로 옆에 있으며 책을 읽거나 글 쓸 때면 배경이 되었다.

고등학교에 진학하면서 박상권 국어 선생님 지도하에 3년 동안 편집반에서 교내 신문, 교지의 기사, 인터뷰 기사를 썼다. 교정 보는 날은 아침 일찍 등교했으며 바쁠 때는 신문사에 가서 교정 보느라 토요일 화학 수업엔 결석을 종종 했다. 고교 1학년부터 3학년까지 참여하는 문학 모임인 '구인회'에 가담하여 동인들의 글을 철필로 써서 등사판에 밀어 손으로 동인지 『조약돌』을 만들어 전교 각 반에 한 권씩 배포하였다.

시인인 이희철 국어 선생님은 당시 『60년대 사화집』의 동인으로 특별히 동인지를 주셨다. 양지바른 학교 벽에 기대서서 선생님의 시를 찾아 정겹게 읽었다.

어느 날 릴케의 『젊은 시인에게 보내는 편지』를 읽어보라고 소개하셨다. 줄을 쳐가면서 정독을 했다. 이때는 읽는 책마다 줄을 쳤고 줄 친 것은 독서 노트에 기록했다.

이 책은 글을 쓰는 사람에게 '나는 쓰지 않으면 안 되는가?'라고 자신에게 물어보고 필연성에 의해 구축하라고 했다. '당신이 보고, 체험하고, 사랑하고, 그리고 잃는 것을 마치 인류 최초의 사람처럼 표현하도록 노력하십시오.'라고 했다. 커다란 충격을 준, 잊지 못할 책이 되었다. 글짓기에 필요한 마음가짐과 사명감을 은밀하게 일깨워주었다.

고교 2학년 강동평 담임 선생님은 물리, 수학 담당인데 문학에도 관심이 있어 가끔 일본 소설가도 소개해 주셔서 하라다 야스코의 『만가』, 미우라 아야코의 『빙점』도 읽었다.

교내 신문, 교지에 실린 글, 구인회지에 실린 글을 글짓기 노트에 적고 작은 삽화도 그려 넣었다. 어느 날 선생님이 방으로 부르셨다.

"글 써놓은 노트 있니?"

부끄럽지만 연습 삼아 끄적인 노트를 갖다 드렸다. 선생님은 서기원 소설가가 친구분이라고 한번 갖다 보이겠다고 하셨다. 살펴주시는 스승님의 마음이 고맙기만 했다.

"열심히 써보라고 하셨다."

담임을 마치며 선생님은 두꺼운 고급 일기장을 선물하셨다. 일기를 매일 쓰는 체질이 못 되어 특정한 날만 썼는데, 때로는 일기를 수필로 변형시키며 젊은 날의 서툰 모습이 담긴 습작 노트가 되었다.

고2부터 고3까지 매일 방과 후 한 시간씩 김승순 선생님 지도로 합창 연습을 했다. 철저한 발성 연습과 아름다운 화음 연습에도 피곤한 줄 몰랐다. 연세대학에서 실시하는 합창 경연에 나간 날이었다. 연습 중 선생님의 눈에 눈물이 맺히는 모습을 보고 우리도 함께 눈물을 흘렸는데 1등 없는 2등 합창 상을 탔다. 글 쓰는 정서와 합창을 통한 감성은 설익은 내면세계를 더욱 붉게 형성해 주었다. 생존하시는 몇 분 안 되는 스승님, 가끔 통화하며 어린 시절의 진한 배움에 감사를 드린다.

대학에 들어가서 고등학교 때 글 쓰던 티를 내고 싶지 않아 드물게 교내 신문에 짤막한 수필 흉내 낸 일기문을 발표했다. 휴강이 되면 음악이 그리워 아폴로, 르네상스 음악감상실에 가서 클래식 감상에 빠졌다. 음악감상실 분위기로는 잡담은 전혀 허용되지 않아 가끔 필담을 나누고 순수하게 음악만 들었다. 예과 시기에는 다행히 문과 과목이 혼합되어 문과의 갈증이 심하지 않았다.

화학 실습이 있던 날이었다. 고교 때 교내 신문 교정일로 출판사에 출근(?)하느라 화학 시간 휴강을 즐겼기 때문에, 실력이 부족하여 예과 때 실습 리포트 작성에 문제가 생겼다. 이론에 맞는 탁월한 보고서를 쓸 수 없어 그 시절 상황을 그린 안쓰러운 수필을 써서 제출했다. 유영홍 교수님께서는 화학 실습을 F 학점이 아닌, 수필 점수로 후하게 주셔서 날 구원하셨다.

시인인 양명문 교수님은 국문학을 가르치셨다. 교과서에 희곡이 소개되었다. 연극을 하기 위해 나오는 배역 이름을 우리가 선택하라며 칠판에 쓰셨다. 내가 배우로 지명될 생각은 전혀 하지 못했는데 20대에 할머니 역에 선정되었다. 무대에서 연기를 시작하는데 까칠한 감정이 점차 분위기 속으로 녹아들고 있었다. 목소리가 늙어가며 나이 든 할머니로 변신, 나는 젊은 내가 아니었다. 정말 이대로 늙지 않나 섬찟했다. 연극에 처음 출연했고 교수님에게 할머니가 제일 잘했다고 칭찬까지 들었다.

학년이 올라가며 문과의 분량이 사라지면서 의학과의 시간이 부족한데도 인문계열 책의 욕구가 가중되었다. 이과 계열이 싫은 것도 아니건만 문과의 욕구가 동등하게 치솟았다. 문과와 이과의 욕구가 균형이 잡힐 때 정서적으로 안정을 찾는지….

릴케의 『젊은 시인에게 보내는 편지』를 탐독하고 싶었다. 그 많은 책 중에 이 책은 중독성이 있었다. 잊을 만하면 생각났다. 몇 년마다 이 책의 신간 서적을 샀다. 본격적인 의서를 탐독해야 하는데 읽고 싶은 문학 서적으로 대치되었다.

고등학교 때 유일한 소원은 밤새워 '소설 한 권 통독'이었다. 공부만 외곬으로 파고드는 적성의 친구가 부러웠다. 호기심이 많은 나 자신을 관리하느라 너무 바빴다.

시험이 면제되는 자율성이 허용된 생활의 변화가 왔다. 하고 싶은 일을 찾아 다양한 분주함을 누릴 수 있는 자유가 고맙다. 심심할 일이 없다.

근무 시간에는 라디오에서 클래식 음악이 나왔다. 바쁘지 않은 시간에는 읽고 싶은 책을 읽었다. 병원을 개업한 후에는 음향기기를 직장에 설치하고 음악을 들었다.

귀에서는 음향을, 눈은 그림을 요구했다. 매주 목요일이 되면 그림 좋아하는 친구들과 점심시간에 그림 전시 중인 화랑가를 찾아 화가들의 안목을 엿보았다. 시청각은 고루고루 감각이 살아났다. 개업한 후에 제약회사들이 잡지를 발간하면서 모르는 나에게까지 원고 청탁이 왔다. 처음에는 부담스러워 원고를 거절하려고 했다. 하나둘씩 쓰다 보니 보람이 생겼다. 차츰 동인지, 의사 신문에서 청탁이 왔다.

1991년 음향기기가 준비된 안과의사끼리 음악 동우회인 목향회目響會를 결성하여, 매월 첫 목요일 오후 근무가 끝나면 만나다, 격월 첫 토요일마다 회원 집에서 간단한 저녁 식사를 마친 후 음악감상을 수 시간씩 즐겼다.

각자 듣고 싶은 레코드나 CD를 갖고 와서 자유롭게 얘기하며 음률 속에 빠졌다. 몇 년 계속되다 중지되어 아쉽다. 지금은 자기의 음향기기로 각자 듣고 있지만 좋은 추억은 잊히지 않고 그 자리에 남아 있다.

개업 의사 중심인 학술과 문화면을 겸한 안과의사 잡지가 2000년에 창간되고 편집위원을 하며 원고 쓰는 난이 늘고 글쓰기 작업이 증가하였다. 뜨문뜨문 외유하는 기회마다 각국의 박물관을 관람한 덕분에 로댕 미술관, 보스턴 박물관과 인상파 미술이 모여 있는 오르세 미술관의 그림을 사십여 회 소개하는 글을 쓰면서 그림 보는 눈이 넓어졌다.

환자로 오던 정두리 시인의 소개로 피천득 교수님 댁 방문을 하게 되었다. 십여 년간 피 교수님과 만나 문학 얘기를 나누며 '책 내라'는 말씀을 들었다. 좋은 말씀 듣는 것으로 뿌듯했다. 피 교수님은 신간 서적이 나올 때마다 책을 주셨다. 수필과 시집을 주실 때 읽고 새로운 세계를 찾아갔다. 구십 연세에도 해맑은 모습이셨고 글 속에 투명한 글의 혼이 흐르고 있었다.

안휘준 교수님이 눈을 치료하러 병원에 오셨다. 『한국미술의 역사』에 사인을 하여 귀한 책을 주셨다. 그 뒤 『한국미술의 美』, 『청출어람의 한국미술』을 더 증정하셨다. 한국의 고미술에 관해 상식이 미약한 줄 알고 좋은 선물을 주셨다. 읽고 싶지만 어떤 방식으로 능률적인 학습을 할지 고민을 했다. 15세기 조선미술과 서양의 14세기 르네상스 미술과 연관하여 소개하기로 계획을 잡았다. 내가 소속해 있는 마포구 안과의사 잡지에 '조선 시대 미술과 르네상스 미술'에 관한 연재를 했다. 서양미술에 집중한 상식에서 내 나라 조선 시대 미술을 공부하며 흥미가 생겼고, 읽기만 하는 것보다 쓰며 이해를 하니 입체감을 통해 미술이 더 앞에 그려졌다. 동서양 간 미술의 차이가 비교되었다. 안부 전화를 하면 교수님은 "요새도 글 쓰세요?" 하고 물으신다. 고미술 전시가 있으면 정보를 주셔서 현장으로 가서 즐기곤 했다. 책을 주시면서 발간 계획 중인 책의 리스트도 써서 보내시는데 너무 부지런하신 모습에 놀라곤 하였다.

작년에 두툼한 『한국의 미술 문화와 전시』와 『나의 한국 미술사 연구』 책 2권이 출판사에서 집으로 배달되었다. 교수님의 식지 않는 학구열에 내가 화상 입을까 겁이 난다.

어느 날 안과 병원에 정충영 작가님이 치료받으러 왔다가 문화 센터의 수필 교실을 소개했다. 2015년 칠십 넘어 시작한 수업이라 늦었다고 생각해 처음에는 마음이 끌리지 않았다. 나이 인식 말고 배움을 시작하자고 생각을 바꿨다.

첫 시간 박상률 교수님의 강의에서 수필 작법의 변화를 깨닫고 계속되는 호기심에 끌려 배우고 있다. 작가들 속에서 나도 글쓰기 버릇이 옮았다.

작가포럼의 이덕화 대표는 같은 교회에서 신앙생활을 하는 친구인데 소설을 쓰는 이 모임에 초청해 주었다. 처음엔 선발한 소설의 작가님을 모시고 회원은 미리 책을 구독한 후 작가의 소견을 듣고 토론을 나누는 흥미 있는 시간을 갖다가 『작가포럼』이라는 책을 1년에 2회 발간하기 시작했고 작가와의 토론은 계속되고 있다. 내가 쓰지 못한 소설은 먼 것만 같다.

수필을 쓰면서 종합병원에서 같이 근무하던 오세윤 소아청소년과 의사를 반갑게 만났다. 먼저 문단에 등단한 선배로 여러 권의 책을 이미 발간하셨다. 『좋은 수필』에 소개하여 같은 책에 함께 작품이 나란히 실렸다. 빙그레 미소가 흘렀다.

    피천득 교수님의 "책 내세요." 음성이 들려온다.

    눈감기 전까지 '나는 쓰지 않으면 안 되는가?'를 계속 물어보며 살고 싶다.

해설

환자의 눈을 들여다보듯,
세상을 들여다보는 눈!

박상률(작가)

1.
　한영자 수필가는 좁은 진료실에서 날마다 눈이 아픈 사람의 눈을 들여다보며 평생을 보냈다. 그는 안과 의사이기에 남의 눈을 들여다보는 일이 아주 자연스럽다. 남의 눈을 들여다본다는 건 기실은 자신의 모습을 보는 것이기도 하다. 이른바 눈부처.
　눈부처란 서로 눈을 마주하고 있을 때 상대방의 눈동자에 비친 자신의 형상을 이르는 말이다. 그는 환자의 눈을 들여다볼 때마다 환자의 눈동자에서 자신의 모습도 같이 보았다. 그의 글감은 진료실에 드나드는 많은 환자들을 관찰하고, 그들과 나눈 이야기 속에서 자연스럽게 발생했다. 환자의 이야기로 시작하지만 결국은 자신의 속내를 글에 담는다. 그도 그럴 것이 환자의 눈동자 속에 자신의 형상이 들어 있으니!

　나는 이따금 눈병 환자를 치료한다기보다 말이 아픈 사람을 치료하는 착각에 빠질 때가 있다. 진찰받으러 온 사람에게 말을 하면서 당황할 때가 생기기 때문이다.

"눈이 어때서 오셨어요?"

"그게 아니라, 눈이 가려워서 왔어요."

'그게 아니라'면 나는 무어라고 물어야 할까? 오직 한 사람에 국한해서 이런 말이 나오는 것만은 아니다. 어디가 틀린 물음인지 생각을 해보며 묘안이라도 배우려고 다시 묻는다.

"그게 아니라면 무어라고 물어야 하나요?"

반문에 놀란 표정만 짓고 말이 없다. 별 의미 없는 부정이 아닌가 생각하여 그대로 묻고 있다. 물음의 답변에도 사연이 많다. 많은 환자는 눈이 아파서 왔다고 대답을 한다. 이 말은 잘못되었다고 할 수 없으나, 눈만 진찰하는 안과 의사가 눈치 없기로 눈이 아파서 온 것을 모르고 묻는 것은 아니다.

눈이 따끔거리는지, 시큼시큼한지, 눈이 빠지게 아픈지, 눈물이 나는지. 눈곱이 끼는지, 충혈이 있는지, 가려운지, 부었는지 등 형용사와 동사의 어휘가 풍부하건만 눈이 아파서 왔다고 짧게 답변을 한다. 정답을 유도하기 위해 위의 여러 가지 증상을 배합하여 묻는다.

말로 아픔을 적절히 그려주면 많은 병을 찾아가는 진로를 속히 가늠할 수 있어 병의 진단은 신속, 정확해지고 그 환자의 병을 짧은 순간이나마 공감까지 할 수 있다.

"눈이 이상해서 왔으니 보아주세요."

"눈이 이래서 왔어요."

"눈을 보면 알 것인데 왜 귀찮게 물어요?"

말하지 않아도 어디 병이 있나 한번 찾아보라는 식의 태도 등은 오진의 확률을 높인다. 눈의 증상을 물을 때 결막염이나 난시가 있나 검사하러 왔다는 진단명과 증상의 뜻을 착각하는 수도 흔하게 만난다. 환자 기록부에는 환자의 증상을 쓰는 난이 의무사항으로 있다.

—「말이 아픈 사람들」

환자들은 눈이 아파 안과 병원에 왔지만 눈 어디가 어떻게 아픈지 설명하지 않는다. 의사가 알아서 해주었으면 하는 마음이다. 눈을 보면 다 알 텐데 귀찮게 뭘 묻느냐는 태도를 보이는 환자도 있다. 많은 환자들의 그런 태도를 보면서 의사는 깨닫는다. 아, 이들은 말이 아프구나! 말은 곧 그 말을 뱉는 사람의 속내이다. 그러기에 환자가 하는 말에서 환자의 마음 상태를 읽어낼 줄 아는 의사는 눈병뿐만 아니라 마음의 병까지 들여다본다. 환자의 눈은 안팎을 다 볼 수 있는 창이다. 환자의 마음 상태와 의사 자신의 성찰 상태를 같이 들여다볼 수 있는!

그는 환자 진료가 없는 틈엔 책상에 앉아 글을 쓴다. 오래된 습관이다. 하지만 글이 물 흐르듯 시원스레 써지지 않아 늘 답답하다. 그런 때엔 그도 여느 글쟁이들처럼 자리에서 일어났다 앉았다 하며 안달복달한다.

환자 보고 다시 책상 앞에 앉아 흩어진 감정을 걸러내고 아무도 없는 곳에서 쓰기 시작, 쓴 것을 다시 읽어보며 고친다. 글을 쓸 때 계속 열 줄이고 한 장이고 시원하게 물 흐르듯 써 내리지 못해 답답하다. 몇 번씩 일어났다 앉았다 순간마다 바뀌는 정서의 표정이 글 속에서 얼마나 어지러울까?
―「글은 내게 애물이다」

글에 모든 걸 수렴시킬 줄 아는 그. 많은 사람들이 자신이 직접 겪은 일조차도 글로 적어내지 못하는데, 그는 진료실에서 벌어지는 직접 체험만이 아니라 간접 체험하는 일까지 그의 글에 담는다. 그러나 글을 쓰는 시간과 사색하는 일은 일상의 일을 밀리게 한다. 그래서 '한 시간 사색하면 한 시간 이상의 일이 나를 기다리고 있다'고 안타까워한다.

많은 시간을 혼자 소유케 하는 일은 일상의 일을 너무 밀리게 한다. 한 시간 사색하면 한 시간 이상의 일상이 나를 기다리고 있다. 작은 소산을 위해 나를 집중시키는 훈련도 약하다. 반사적으로 일하고 생각할 틈 없이 일이 일을 시키고, 일이 끝나면 하루가 끝난다. 머리로 사는 시간보다 손으로 사는 시간이 많다.
―「글은 내게 애물이다」

수필가 한영자는 '머리로 사는 시간'과 '손으로 사는 시간' 사이에서 줄타기를 하듯이 산다. 그래서 당장 글을 쓸 시간이 없다고 그의 삶이 글에서 멀어져 있는 건 아니다. 그는 환자가 아픔에서 벗어날 때 기쁨을 느낀다. 그의 현실적인 삶은 그런 기쁨이 차곡차곡 쌓여서 이루어진다. 기쁨은 결국 글로 형상화되고!

2.
　그는 진료실에서 만난 환자들 가운데 인상 깊은 이들은 글로 갈무리해둔다. 환자들의 반응과 태도 속에서 삶의 진수를 엿볼 수 있기에.

　입원실을 외롭게 지키며 아픈 눈과 싸웠던 그는 하기 힘든 말을 꺼냈다.
　"내 눈을 뽑아주세요."
　그 무던하던 환자의 입에서 눈을 뽑아달라는 말이 나왔다. 여태껏 환자의 아픔을 함께 나누며 치료하다가 눈을 들어내는 일은 누구도 원하는 수술이 아니다. 시력은 이미 잃었고 눈은 아프기만 하다. 과장님의 집도로 한 눈을 들어낸 다음 날 회진 시간에 고인 피가 말라붙은 안대를 떼었다. 안구가 없어 움푹 꺼진 저 눈에 다시 아픔은 오지 않는다.
　그 뒤 마지막 한 눈마저, 내게 안구적출 일정이 잡혔을 때 어디로 멀리 피하고 싶었다. 이 수술은 내가 하고 싶지 않았다. 가슴이 미어온다. 수년간 눈을 살리려고 애쓴 온갖 인내와 노력이 안구적출로 막을 내린다. 이십여 년간 주린 줄 모르고 보아오던 빛, 이제 빛의 갈증을 아픈 가슴으로 담담하게 풀어가야 한다.
—「내 눈을 뽑아주세요」

오죽하면 눈을 뽑아달라고 하겠는가. 안구적출을 하면 시력을 잃게 된다. 안과 의사는 마지막 방법인 안구적출에는 이르지 않도록 온갖 노력을 다한다. 하지만 여러 가지 치료도 소용없이 결국 안구적출을 해야 하는 지경에 이르면 의사도 우울하다.

안과 의사는 여러 종류의 눈 수술을 하는데 눈의 기능이 시력이므로 시력 회복 기능을 제공하는 수술을 할 때 가장 보람이 있다. 안구를 제거하는 안구적출술의 일정이 잡힌 날은 우울하다.
—「눈을 어떻게 뺐다 꼈다 할 수 있어?」

안과 의사 한영자의 진료실엔 의안을 착용한 환자가 내원해서 의안을 끼는 엄마를 본 아들이 놀라서 '눈을 어떻게 뺐다 꼈다 할 수 있어?'라고 한 사연도 들려준다. 겁에 질려 지레 우는 아이들은 물론 성인들도 마찬가지이다.

겁이 많은 환자에게 수술 과정을 꼼꼼하게 설명해주면 과잉 질문을 거쳐, 스스로 공포 분위기에 휘말려 든다. 자신이 파놓은 웅덩이에 빠져 다음에 수술하겠다고 금세 마음을 바꾼다.

오히려 모르는 채 수술을 빨리 끝내는 편이 낫다.
 어린아이들을 수술할 때도 마찬가지다. 수술대에 눕혀 빨리 수술을 마치고 안대를 한 후 부모 품에 안겨주는 것이 깔끔하다. 장난감으로 달래도 한번 울기 시작하면 더 크게 울기 마련이다.

―「눈이 그려진 하얀 안대」

 어느 여대생이 눈이 부어서 왔는데 꼭 수술해야 하느냐고 물었다. 눈 검사를 해보니 윗눈꺼풀 속이 곪아 고름이 차 있었다. 그걸 긁어내야 깨끗하게 낫는데 여대생은 아플까 봐 걱정이었다. 이런저런 얘기를 하며 눈꺼풀을 마취한 뒤 고름을 제거하고 안대를 해주었다.

 다음 날 치료받기 위해 수술받은 환자가 내원했다. 활짝 웃는 얼굴로 들어왔다. 순간 나도 따라 웃음이 나왔다. 수술한 눈을 가린 하얀 안대가 작은 캔버스가 되었다.
 그림이 그려진 캔버스가 미술관 벽이 아닌 얼굴에 전시되었다. 반대편 눈과 닮은 눈이 크게 그려져 있었다. 두 눈이 초롱초롱했다. 눈이 그려진 안대, 미술대학 근처에 안과 병원이 있기 때문일까?

―「눈이 그려진 하얀 안대」

 그는 '오늘은 환자들에게 눈 그림 한 폭을 선물로 보여주고 싶다'고 너스레를 떨었다. 한영자는 안대에서도 예술적 미를 발견하는 사람이다. 그러기에 눈동자가 밖으로 돌아간 외사시에 희뿌연 눈망울을 하고 있어 얼굴 반을 가린 '선이'라는 아이에게도 자신감을 심어주고 싶어 모딜리아니가 그린 눈과 관련된 초상화 이야기를 들려주고자 한다.

"선이야 혹시 모딜리아니라는 화가를 아니? 우리 병원에 이 화가의 그림이 벽에 걸려 있는데 네가 보았는지 모르겠다. 갸름한 얼굴에 회색 아몬드 모양의 멍한 눈을 그린 화가 처음 보면 놀라게 되지. 눈동자는 왜 그리지 않았을까? 눈 표면 전체로 볼 수 있을까? 긴 목을 옆으로 기울이고 물에 쓸려나간 듯 깎인 가냘픈 어깨선의 여인을 보면 우수가 감돌고 있어. 회색 눈은 볼 것을 방황하며 빛을 그리워하는 듯해. 이 화가는 특이하게 '당신의 영혼을 온전히 이해했을 때 당신의 눈동자를 그리겠다.'라고 말했지.

"영혼을 이해하기가 어려운 모양이야, 같은 해에 그린 그의 부인 잔느 에뷔테른느의 초상화에서도 항상 눈동자를 다 그린 것은 아니었으니까."

'내가 보고 있는 이 모습은 껍데기에 지나지 않아, 가장 소중한 것은 눈에 보이지 않는 법이니까.' 잠이 든 '어린 왕자'를 안고 그 모습을 바라보며 주인공이 하는 말이다.

오늘도 회색 눈을 유심히 바라본다.

—「회색 눈」

3.

　한영자의 예술적 감성은 '공포스러운' 진료실 분위기를 '부드럽고 편안한' 분위기로 바꾼다. 그리고 그의 예술적 감성은 진료실 밖으로까지 이어진다. 그는 틈만 나면 미술관을 돌기도 하고, 더불어 음악 감상하기를 좋아한다.

　피천득 선생님의 『인연』 수필집을 다시 읽으면서 보스턴 박물관에 관한 글에 새삼 시선이 머물렀다. 「호이트 컬렉션」과 「잠」 속에 박물관의 소장품에 관한 글이 있는 것을 까맣게 잊은 채, 작년 가을에 이곳에 다녀왔다.
　수필 속에 소개된 그림을 박물관 화집에서 찾아보며 또 방문하고 싶어졌다. 노란 가을 색이 물든 가로수 길을 따라갔다. 현대식 빌딩보다 빛바랜 붉은 벽돌 빌딩들이 보스턴 거리를 장식하고 있었다. 처음 찾아가는 그곳에서 서양화를 맘껏 보고 싶었다. 어떤 그림들이 기다리고 있을까?
　이 박물관에 한국관이 있으리라고 전혀 생각하지 못했다. 외국에 전시된 우리나라의 국보는 더 자랑스럽게 보였다. 국보 옆에 영어로 쓴 중국문화의 영향을 받았다는 해설을 읽는 순간, 알면서도 민감해졌다.
　전시실의 한국관, 중국관, 일본관 등을 관람하고 며칠 더 서양화 전시관만을 여유 있게 보았다. 보스턴에 이주한 영국 청교도들은 초기의 고난을 무릅쓰고 미국에서 이룬 문화의 의미를 박물관 전시품에서도 대변하고 있었다. 다른 곳에서 보기 어려운 미국 초창기에 활동한 화가의 작품을 비롯하여 미국 화가의 작품을 풍족히 소개하여 감회가 깊었다.
 박물관에 동행하지는 못했으나 선생님과 추억에 잠긴 그림에 관해 함께 나누고 싶었다. 전화를 드리고 박물관 화집, 인연 수필집, 박물관 주변에서 찍은 사진을 챙겨 들고 반포아파트로 향했다.

─「장미의 숲에서」

 수필가 피천득 선생의 수필집을 읽으면서도 그림과 박물관을 떠올린다. 마침내는 피천득 선생과 따스한 대화를 나누는 그. 이렇듯 수필가 한영자에겐 미술, 음악을 통한 자기 성찰, 여행을 통한 자기 세계의 확장 등이 모두 글쓰기의 밑바탕을 이룬다.
 그의 상상력은 좁은 진료실 안에만 머물지 않는다. 그런 까닭에 그의 진짜 본업은 글 쓰는 작가라고 해도 무방하다.

 우리는 현충원을 걸으면서 자연 앞에 마음을 온통 펴 보였다. 연둣빛 어린잎을 바라보며 내 마음이 깨끗해지고, 햇빛을 받아 내쉬는 나무들의 맑은 공기를 내가 되받아 마시며 숨도 정결해졌다. 정오의 햇빛은 나를 더욱 짙은 그림자로 만들며 따라오고 있었다.
 조금 전에 있던 진료실 공간을 떠나 이곳에 와 있는 것이 낯설다. 작은 산이지만 심산유곡에 찾아온 듯 흐뭇한 마음으로 산의 친구가 되고 있었다. 나는 이 산에서 무엇으로 나를 짙게 칠해 볼까?
 "저기, 그늘에 넓은 바위가 있네요. 거기서 내가 갖고 온 김밥을 먹어요."
 그녀의 음성에 낮잠을 깬 듯 시계를 보았다. 늦지 않게 진료실에 돌아가야 한다.

―「정결한 여신」

 환자로 찾아온 이가 진료실에 흐르는 음악의 곡명을 일러준 걸 계기로 점심시간마다 병원 근처에 있는 현충원을 같이 산책하는 그. 예술을 좋아하는 이는 누구든 그의 벗이 된다! 수필가 한영자의 눈에 예술가인 환자는 다 '포착' 된다. 유영국 화가도 그런 경우.

 환자들이 옹기종기 모여 앉아 있는 오전 시간이었다. 흰머리의 유영국 환자께서 사모님과 함께 안과에 오셨다. 우연한 일이다. 진료실 벽에는 유영국 화백의 그림이 담긴 현대 갤러리에서 만든 달력이 걸려 있었다. 이름이 똑같다. 조용하고 인자한 인상에 육감으로 내가 아는 유영국 화가일 것 같았다. 한 번도 뵌 일이 없고 사진으로 익힌 적도 없었다.
 "유영국 화백님이세요?"
 거리낌 없이 여쭈었다. 키가 후리후리한 화백님은 아무 말씀도 없었다.
 "동명이인 아닐까요?"

옆에 계시던 자그마하신 사모님께서 은근히 거부 반응을 보였다.
"눈이 어때서 오셨나요?"
"가까운 거리 보는 안경을 맞추려고요."
내 육감도 만만치 않다. 돋보기안경 맞추는 근거리 시력표 대신 내 방으로 들어가 책상 위에 놓여 있는 어느 화가의 그림 전시 팸플릿을 들고 나왔다. 검안용 안경테를 얼굴에 착용한 후 팸플릿의 그림을 열어 손에 쥐여드리고 원하는 초점 거리에 놓아보시라고 했다. 순간 팸플릿을 닫고 표지를 확인한다. 어느 화가의 그림인지 궁금하신 모양이다. 화가가 아닌 평범한 환자가 취할 행동은 아니다.
(…)
돋보기안경을 쓰고 테스트를 마친 후 진료 의자에 앉았다. 다시 한번 근거리 초점을 점검하고 처방을 적어드렸다. 이 안경을 쓰고 어떤 그림을 잉태하실까?
"화백님 그림 참 멋져요."
"제가 화가 유영국이올시다."

─「동명이인 아닐까요?」

안과 의사 한영자는 진료실에서 화가뿐만 아니라 글 작가들도 만났다. 신지식, 정두리, 전숙희 같은 분들인데, 그분들 모두 한영자의 눈에 띄어 피해 가지 못했다. 책읽기와 그림 감상, 음악 듣기를 좋아하기에 수필가 한영자는 누구든 만날 '준비'가 되어있다. 진즉 그런 분들을 파악하고 있는 터라 그의 환자가 된다는 건 이미 낯선 만남이 아니다.

진료실에서 환자만 만난 게 아니다. 한번은 강도를 만나기도 했다. 그 강도는 화장실에 숨어 있었다. 진료가 거의 끝나갈 무렵 화장실 갔다가 봉변을 당한 의사. 수필가 한영자는 그때의 광경과 심정을 긴박하게 그렸다.

꽤 오랜 시간이 흐른 것 같았다. 무슨 생각을 하는지 대꾸나 했으면 좋겠다. 무거운 침묵은 질식할 것 같았다. 상대방을 압도하는 침묵을 쓸 줄 아는 젊은 사람이다. 얼마나 더 달래야 하는지 인내로 버텨보는 수밖에 없었다. 내 등 뒤에 있어 얼굴의 표정을 볼 수 없는 그의 작전은 전혀 예측할 수 없었다.

내가 잡고 있던 그의 오른팔이 갑자기 위로 올라갔다. 그의 손에 펴 있는 날카로운 칼이 보였다. 여기서 죽는다는 절망감이 몰려왔다. 화장실 바닥에 품위 없이 누운 변사체로 신고되어 신문과 TV의 뉴스 기삿거리가 되는 일이 나의 최후일까?

동시에 내 일생의 장면이 파노라마처럼 지나갔다.

—「나갔어요?」

나는 수필을 1)서정 수필 2)서경 수필 3)서사 수필로 나누곤 한다.「나갔어요?」는 서사 수필에 속한다고 할 수 있다. 서정 수필이나 서경 수필은 글쓴이(수필가)가 대상에 대해 느끼는 심정을 일방적으로 풀어나간 글이라고 할 수 있는데, 이른바 전통적인 수필 대부분이 이에 속한다. 이에 비해 서사 수필은 주된 사건이 이야기를 끌고 가므로 상대역을 하는 인물이 나온다. 글쓴이와 상대방은 서로 말을 통해 이야기를 펼치므로 대화문이 자연스레 딸려 나온다. 수필에서도 대화를 잘 활용하면 효과가 배가 된다. 물론 대화만으론 수필이나 소설이 되지 않는다. 대화만으로 이루어지는 희곡이 왜 있는지를 떠올리면 금세 풀릴 의문이다. 물론 희곡에서도 소설의 묘사나 수필의 서술에 해당한다고 볼 수 있는 지문이 있다!

4.
　한영자 수필가는 진료실의 인연만이 아니라 자연 속에서 저마다의 방식대로 살아가는 나무와 꽃과의 인연도 소중히 생각한다. 달리 말하면 생명 있는 모든 것을 좋아한다는 얘기이다. 생명을 다루는 의업에 종사하기에 더욱 그런지도 모르겠다. 예술에도 생명을 부여하며 숨을 쉬게 하는 그. 그래서 자연 속의 생명들이 다시 숨을 쉬기 시작하는 봄을 특히 더 좋아한다.

　겨우내 침울한 빛깔의 창밖이 환해지면서 봄이 오고 있다. 하얀 봄 햇살이 방 안 깊숙이 들어와 넘실댄다. 매일 어두워야 집에 돌아오는 난 휴일 실내에 찾아오는 햇살의 방문이 신비롭다. 흰빛 레이스 커튼 올 사이로 무수히 햇살이 걸러지고 있다. 햇살이 만드는 물체의 형상은 전등 빛에서 보던 모습과 달리 순간마다 딴 얼굴을 한다.

햇살은 비밀을 갖고 있다. 햇살과 친밀해지고 싶다. 햇살 결핍이다. 햇살의 체온이 편안하다. 봄의 햇살에 풀잎 빛깔이 윤기 나게 번진다.

—「봄날」

한영자 수필가는 봄엔 너와 나의 말을 하자고 제안한다. 그는 말을 한다는 건 살아 있다는 증표라 여긴다. 어쩌면 묵은 갈대가 죽지 않고 새로 나는 연두색 갈대에게 따스한 말을 건네는지도 모른다. 그래서 봄의 풀밭은 여러 세대가 어울려 산다고 느낀다.

봄이 나를 보고 있을까? 한강을 끼고 걷기 시작하니 길가 풀밭에는 연둣빛 잎을 해치고 작은 보랏빛 들꽃들이 상긋하게 웃고 있었다. 일찍 피는 봄풀 꽃은 꽃송이들이 작다. 걸음을 멈추고 허리를 꾸부려 가까이 들여다보았다. 겨울의 누런 풀밭엔 시선을 주지 않았다. 눈길을 주위로 돌리기보다 내 안으로 향해 사색하며 걷게 했다. 들꽃들은 한동안 잊혔다. 봄의 들꽃들이 눈을 번쩍 뜨게 했다. 자꾸 눈을 맞추고 싶어 힐끔힐끔 곁눈질하며 걸었다. 눈길이 갈 때마다 들꽃들은 작은 숨소리를 낸다. 지금 들꽃을 마주 보며 숨을 함께 쉬는 이 순간이 뿌듯하다. 살아 있는 모습이 사랑스럽다. 봄에는 너와 나의 말을 하자. 우리는 살아 있다고….

강둑 위에 지난해 파랗게 살던 갈대들이 누런 몸으로 꼿꼿이

서 있다. 묵은 갈대가 새로 자라는 연두색 아기 갈대를 감싸주고 있다. 봄의 풀밭은 여러 세대가 모여 산다.

누런 갈대들이 묵은 이삭을 달고 두런두런하며 강 너머를 바라보고 있다. 강가의 들풀들은 자신의 모습을 초록으로 빛내며 봄을 살고 있다.

(…)

문득 프랑스의 신인상주의 화가 조르주 피에르 쇠라의「그랑드 자트 섬의 일요일 오후」그림이 떠올랐다. 백삼십여 년이 지난 그림이다. 강가에 나온 사람들이 하루를 휴식하기 위해서일까? 간편한 옷차림이 아닌 양산과 지팡이를 갖추고 모자를 쓴 남녀가 단정한 정장의 모습을 차리고 있다.

우산이 흔하지 않은 때가 있었다. 1851년 영국에서 열린 만국박람회에 속이 빈 강철튜브로 만든 우산이 출품되면서 널리 퍼지게 되었다고 한다. 당시 유행한 우산이나 양산은 자랑하고 싶은 장신구가 되었다. 지팡이는 신사의 필수 장식품이었다. 그림 속의 관중은 흰 배가 떠다니는 강 풍경을 보기 위해 야외 미술관에 입장한 관람객(?) 같다. 정장 예의를 갖추고 신이 그린 아름다운 자연을 감상하고 있다. 눈앞에 묵묵히 서 있는 그림 속 사람들은 봄 인사를 무어라 했을까?

웬만큼 걷고 다리 힘을 아껴 집을 향해 뒤로 돌아섰다. 걷다 보니 건너편 한갓진 길에 트럼펫 연주가 두 명이 음을 조율하고 있었다. 아름다운 풍경 보기에 귀까지 열어준다. 주홍빛 노을이 하늘을 가득히 물들이고 그 빛이 강물에 결 따라 번지고 있다.

주홍빛 강물 저 멀리까지 「어메이징 그레이스」의 아련한 트럼펫 음률이 퍼지는 상상을 했다.
봄이 준 주홍빛 소리다.
— 「봄의 소리」

봄을 살고 있는 여러 생명체들의 풍경을 보기 위해 사람들은 집 밖을 나서 자연 속으로 들어간다. 수필가 한영자는 그런 사람이(자신을 포함해) 마치 미술관에 입장한 관람객 같다고 느낀다. 신이 그려준 자연을 감상하는 인간이라니! 자연스레 프랑스의 신인상주의 화가 조르주 피에르 쇠라의 「그랑드 자트 섬의 일요일 오후」 그림이 떠오른다. 이어 주홍빛 노을이 하늘을 가득히 물들이는가 싶더니, 그 빛이 강물에 결 따라 번지고 있는 것만 같다. 그 순간 주홍빛 강물 저 멀리까지 「어메이징 그레이스」의 아련한 트럼펫 음률이 퍼지는 상상을 한다. 그에겐 인간과 자연과 그림과 음악이 다 하나다. 분리되어 있는 게 아니다.

5.
　꽃이 지고 떨어진 난초의 꽃대를 자르려면 아픔이 온다. 화려한 꽃을 애써 피우고 가는 난초 꽃잎의 뒷모습에 묻어 있는 몸살기가 측은해 보인다. 올겨울은 날씨 인심이 좋아선지 기검사계, 관음소심에서 입춘이 오기도 전에 뾰족한 새싹이 솟고 있다. 요사이 같은 겨울엔 두 주에 한 번씩 물시중, 뜸하게 난과 대면해도 되련만 나는 괜스레 난을 자주 방문한다. 남몰래 살짝 꽃대가 나오고 새싹이 솟는 푸른 몸짓이 예쁘다. 고요한 약동이 경이롭다. 난들의 소리 없는 푸른 말씨는 고귀해서 나도 그 격을 닮고 싶다. 난들의 푸른 자태는 정갈스럽다. 베토벤의 「봄 소나타」를 난초에게 들려주며 봄 아지랑이 가물대는 선율 속으로 같이 묻혀본다. 잎사귀에 맺힌 이슬 속에 햇살이 들어와 영롱하게 빛난다.
 바라만 보아도 편해지는 녹색 위로가 있어 난과 더불어 내가 살고 있나 보다.
—「난초 앞에서」

 꽃이 져 떨어진 난초의 꽃대를 자르면서도 아픔을 느끼는 그. 날카로운 수술용 칼로 환자의 환부를 과감히 도려내는 수술도 마다하지 않는 그가 꽃이 진 난초의 꽃대를 정리하면서도 머뭇거린다. 화려한 꽃을 애써 피우고 가는 난초의 뒷모습이 애처롭기 때문이다. 그는 뒷모습에 몸살기가 묻어 있는 걸 느낀다.
 이러한 감수성을 지니고 있기에 그는 환자의 몸에서도 자연을 느낄 수밖에 없으리라. 난들의 소리 없는 푸른 말씨가 고귀해서 그의 격을 닮고 싶어 한다. 난들의 푸른 자태를 정갈스럽게 느끼기에 베토벤의 「봄 소나타」를 난초에게 들려준다.
 난초에게까지 다정함과 따스함을 안겨줄 줄 아는 한영자. 진료실 밖에서 시각장애인을 대하는 인간 한영자도 마찬가지이다.

압구정 지하철역의 계단을 내려가 승강장으로 들어갔다.
"여기가 구파발 가는 쪽인가요?"
"맞아요."
소리 나는 쪽을 바라보았다. 근처에 있는 아가씨가 대답했다. 눈을 꼭 감은 아주머니가 흰 지팡이를 짚고 서 있었다. 난 병원에서 진료일을 마치고 집으로 가는 길이었다. 무엇에 홀린 듯 그녀의 뒤를 따라갔다.

(…)

지하철 출입구 앞에 일직선으로 설치된 점형 점자블록을 따라 그녀는 흰 지팡이를 두드리며 거침없이 걸어가고 있었다. 지하철을 타기 위해 점형 점자블록 위에 서 있는 사람들과 부딪치기도 했다. 앞을 보는 사람들이 흰 지팡이 짚고 가는 사람을 배려하지 못했다. 휴대폰에 몰입해, 못 보는 이가 갑자기 옆에 나타나면 신속하게 비켜설 수 없었다. 흰 지팡이가 자신의 신체를 접촉하면 그때 놀라서 비켜주었다. 주위 집중을 위해 아름다운 음향이 내장된 신형 흰 지팡이를 제조하면 어떨까 생각해보았다. 그러나 이어폰이 청각을 덮고 있으니 얼마나 효력이 있을지 모르겠다. 앞이 안 보이는 사람은 자신이 타인에게 어떤 실례를 했는지 구체적으로 모르는 채 "미안합니다." 말을 남기고 지나갔다. 흰 지팡이 하나로 보행 방향의 장애물 파악이나 복잡한 곳에서 보행속도의 조절이 얼마나 어려운지 보고 있었다. 때로는 무례하고 난처한 일도 당할 것 같았다. 안 보이는 걸 어떻게 해? 배려가 없으면 힘들다. 옆에 가까이 따라가면서 마치 어린

아이를 물가에 내놓은 것처럼 마음이 불안했다.

그녀의 보행 요령에 착오가 생길 것 같아 지나친 간섭은 자제했다. 그러나 무의식중에 급하게 "사람 있어요." 하고 안내를 하고 있었다.

—「동행」

안과 의사이기에 시각장애인이 유달리 눈에 잘 띄었을 수도 있다. 하지만 안과 의사가 아니라 해도 그의 성품상 눈이 불편하여 지하철 타기에 어려움이 많은 사람을 보았다면 가만히 있지 못했으리라. 남의 고통, 남의 아픔을 자신도 같이 느낄 수 있는 '공감'이 그에겐 너무나 자연스럽다. 어느 분야든 공감 능력이 뛰어난 사람들은 겸손하기 마련이다. 절대로 자신의 처지가 우월하다고 느끼지 않는다. 독자는 의업에서든 글쓰기에서든 인간 한영자의 내면이 잘 스며 있다는 걸 알 수 있으리라.

시, 소설, 동화, 희곡, 수필, 평론 등으로 나뉘는 문학의 여러 갈래 중 수필이 가장 개인적인 장르라는 말은 맞다. 더불어 작가의 내면이 그대로 가장 잘 드러나는 장르라는 말도 맞다. 수필가의 정체성을 가진 안과 의사가 보여주는 한영자의 수필을 읽으면 누구든 그 사실을 확인할 수 있으리라.

춤이 피는 조리

한영자 수필집

초판 1쇄 2024년 6월 12일

지은이　한영자

발행인	임창곤
편집	정진희 진선호 박영진
디자인	박지니
발행처	한국산문
등록	제2013-00005454호
주소	03131 서울특별시 종로구 돈화문로6길 36, 207호
전화	02-707-3071
팩스	02-707-3072
전자우편	koreaessay@hanmail.net

ISBN　979-11-94015-05-5　03810

ⓒ 한영자, 2024

* 이 책 내용의 전부 또는 일부를 재사용하려면 저작권자와 한국산문의 동의를 얻어야 합니다.